"Este libro defiende la causa de lo cotidiano. Toma el énfasis del rendimiento y el esfuerzo y lo coloca firmemente sobre la bondad, fidelidad y la gracia de Dios. Tengo la sensación que la gente oirá a Dios decir 'bien hecho' en lugar de 'podrías hacerlo mejor'."
Stuart Bell, pastor principal de New Life Lincoln UK y líder de Ground Level network.

"Pocos autores pueden comunicar lo que yo llamo, las cosas intermedias, que son las que realmente importan. Melinda ha llenado los espacios en blanco por nosotros para que en los lugares cruciales de la vida podamos recordar que Dios ve el panorama y está buscando a alguien similar a esos espacios para llenar la brecha. La maravillosa transparencia de Melinda es como el transporte automatizado en una terminal del aeropuerto que te lleva a tu próxima aventura en Dios."
Cleddie Keith, pastor principal, Heritage Fellowship, Florence, KY

El Intercesor Accidental
El Poder Sobrenatural de una Vida Común

Por Melinda Fish

"**El Intercesor Accidental** reúne la soberanía de Dios y el libre albedrío del hombre de tal manera que el individuo puede encontrar sentido para su pequeña y diminuta vida perdida en este vasto universo. Melinda se las arregla para enlazar hechos que aparentemente no tienen relación tales como cirugía estética y sacrificio heroico y atarlos en un nudo de misericordia divina. Al mismo tiempo, ella es despiadada y corta a través del nudo gordiano el nido de ratas y simulacro de fama religiosa y otros ídolos a los que la iglesia se aferra hoy en día. Para utilizar las propias palabras de Melinda, "con audacia te desafío reiteradamente" (I double dog dare you) a leer **El Intercesor Accidental. ¡Melinda es Mark Twain con falda!**"
Elliott Tepper, misionero, fundador de Betel Internacional y autor de EL COSTO DEL REINO

"Me encanta **El Intercesor Accidental.** Melinda Fish escribe con su típica concisión y humor para ayudarnos a ver la vida desde una perspectiva eterna y no de la idea de nuestra perspectiva superficial, lo cual forja nuestros deseos y programas egoístas. Ella nos ayuda a reconocer a Dios incluso en las situaciones desagradables en las que tan a menudo nos encontramos cuando tratamos de servirle. En un momento dado, también se mete con algunas de nuestras 'sagradas' creencias carismáticas. Recomiendo encarecidamente este libro y sé que muchos encontrarán en él la respuesta a las luchas y los retos que se enfrentan en su intento de hacer la voluntad de Dios."
Eddie Hyatt, teólogo, historiador y autor de DOS MIL AÑOS DE CRISTIANISMO CARISMÁTICO

"Leer, **El Intercesor Accidental**, únicamente aumentará tu sentido de propósito, todo tipo de presión para llevar algo a cabo disminuirá, y cualquier tentación de atribuirse el mérito de la obra de Dios será revelado por lo que es, satánico, o por lo menos tonto."
Ron y Kimberly Cipcic, pastores de Grand River Church, en Grand Rapids, Mi.

"Este libro es un 'clásico de Melinda' y está escrito con bastante humor para desarmar al lector que se ofende fácilmente y

entretener a los curiosos. Historias divertidas, cuentos sensatos e ilustraciones relevantes mantienen cautivado el interés del lector. Nunca más veré la palabra "brecha" de la misma manera. La relación de verdades bíblicas, las inserciones de encuentros personales y el poner en primer plano a "héroes anónimos" hace su tomo tan provechoso como inolvidable. He mejorado por haber tocado este libro…"
Jack Taylor, autor de LA ORACION: EL ALCANCE ILIMITADO DE LA VIDA, ex Vice-Presidente de la Convención Bautista del Sur

"Melinda ha escrito algunos de mis libros favoritos acerca del avivamiento. Recomiendo encarecidamente **El Intercesor Accidental**, que imparte una comprensión de lo sencillo-y, sin embargo, asombroso- que es solo "ser" un hijo del Único Dios Verdadero. ¡Si has estado intentando entender cuál es tu propósito divino y cómo puedes cumplirlo, lee este libro y creo que te sorprenderás de lo fácil que es caminar en la voluntad de Dios para tu vida!"
Warren Marcus, Productor de TV y Cineasta

"Con 'intercesor' en el título, mi primera impresión fue que el libro sería acerca de cómo orar. En cambio, me ayudó a ver qué, quien soy y donde vivo es un tipo de intercesión--el mantenerme en la brecha—que solo yo puedo ocupar.

Hoy en día, cuando muchos libros están siendo escritos sobre la búsqueda de significado, **El Intercesor Accidental** da un argumento convincente de que ya somos importantes. Ya que nuestras vidas están llenando una brecha que solo nosotros podemos llenar, estamos cambiando el mundo que nos rodea ya que anexamos a Dios en cada situación porque Él vive en nosotros. Esta es una perspectiva totalmente nueva sobre el significado de ser un intercesor y da un mayor propósito para vivir. Si te has preguntado alguna vez si tu vida marca una diferencia en este mundo, este libro es para ti. Serás reconfortado, entusiasmado y tendrás una visión renovada y un propósito por que vivir."**Brenda Littlejohn, bloguera, shalominthewilderness.blogspot.com**

EL INTERCESOR ACCIDENTAL: EL PODER SOBRENATURAL DE UNA VIDA COMÚN, Por Melinda Fish, © copyright Melinda Fish, 2014. Todos los derechos reservados.

ISBN-13: 978-0985791025

Otros libros por Melinda Fish:

CUANDO LA ADICCIÓN VIENE A LA IGLESIA, posteriormente publicado como

NO PUEDO SER ADICTO, SOY UN CRISTIANO

HIJOS ADULTOS Y EL TODOPODEROSO

RESTAURANDO A LA MUJER HERIDA

ESTOY TAN CANSADO DE ACTUAR ESPIRITUAL: QUITANDO LA MASCARA

EL RIO ESTÁ AQUÍ

¡SIGUE VINIENDO, ESPÍRITU SANTO!

Blog: melindafish.blogspot.com

Puedes contactar con Melinda Fish en Facebook o escribiendo a: River City Church of Pittsburgh, 330 Edgewood Ave, Tradfford, PA 15085

Las citas de la Biblia son de las siguientes versiones y señaladas dentro del texto por las abreviaturas siguientes:

Reina Valera, RVR1960- ©2008 Holman Bible Publishers

Nueva Versión Internacional, NVI- ©1999 Sociedad Bíblica Internacional

Foto de la portada: Kimberly Cipcic
Diseño de la portada: Kimberly Cipcic y Sarah Fish Colligan

Dedicatoria

Con cariño dedico este libro a mi hermana, Danna Kathleen Wilson

Una cristiana genuina, una sierva fiel y una intercesora accidental quien ha encontrado el extraordinario tesoro del contentamiento cristiano. ¡Espero poder verla en el cielo ya que estará en la "primera fila" junto a Jesús mientras que yo estaré en el "parking" con prismáticos! (Por cierto, tendré una fiesta allí con todos los demás que aprendieron demasiado tarde los secretos de este libro)

Dedico también este libro a la memoria de mis padres,

Dan Wilson, 1914-1972
Y
Merle Weir Wilson, 1909-1999
Y

A los billones de de personas "comunes" quienes erróneamente creen que sus vidas no tienen sentido

Reconocimientos

Mi más sincero agradecimiento a las personas que me ayudaron con la inspiración, edición y la publicación de este libro, aunque la lista no se limita a ellos:

Mi querido esposo, William L. Fish
 Mi maravillosa y preciosa hija, Sarah Fish Colligan y su estupendo marido, mi yerno, Sean Collingan y sus hijos Liam y Brendan;
Mi único, y guapisimo hijo, William A. Fish y su preciosa esposa, mi nuera, Caroline McVeigh, su hijo Benjamin y su hija Mollie.

Nuestros amigos: Ron y Kim Cipcic, Brenda Littlejohn, Donna Cahill Norsworthy, Darrel Kirkland, Andrew (A. J.)Newell, Sarah y Don Phillips, Joe y Anna Gregorian, Vania Rorato, Sadi Arnhold, Warren Marcus, nuestros colegas y amigos incluidos Ed y Dan; Josh y Ana Chatham, Roy y Slavina Faust, el resto de la familia Dorosh, Eric Rose' y los demás miembros de la congregación conocida como "River City Church de Pittsburgh, y cada vida "común" que ha tocado la mía de cualquier manera y sin motivo alguno.

El Intercesor Accidental

Por Qué Escribí este Libro..9

Capítulo 1- La Misión Equivocada.............................. 11

Capítulo 2- Descubriendo mi Brecha..16

Capítulo 3- ¿Qué es una Brecha?.. 21

Capítulo 4- La Levadura y el Cambio..34

Capítulo 5- Influenciando el Poder de Elección...44

Capítulo 6- La Otra Levadura..50

Capítulo 7- Amor en la Brecha...68

Capítulo 8- Testificando en la Brecha...76

Capítulo 9- Orando en la Brecha...84

Capítulo 10- Perdonando en la Brecha...99

Capítulo 11- La Misión Correcta...109

Capítulo 12- El Galardón Eterno...117

Una Oración...124

Notas... 125

POR QUÉ ESCRIBÍ ESTE LIBRO

¿Por qué el cuerpo de Cristo parece dar tanta importancia al prestigio? Jesús siempre advirtió que la fama, posición y la riqueza terrenal no tienen valor alguno en la eternidad. Por este motivo la gente famosa no es el tema de este libro. Creo que el Señor me ha llamado a honrarte a ti, el "cristiano común," que a veces siente que no ha hecho nada por Él. Mi oración es que en este libro, escuches la voz de Jesucristo, tu defensor en la guerra interna que todos enfrentamos para encontrar el significado de la vida. Él pondrá una protección indestructible de tu servicio hacia Él.

Los *valores* de este libro son valores de Su Reino, los cuales he aprendido de mis padres cristianos que me enseñaron acerca de Jesús y de quienes aprendí por primera vez acerca de la Biblia. La *idea* de este libro surgió en 1995 cuando me encontré por casualidad con un primo lejano en el Álamo en San Antonio, Texas. Estaba asombrada por este acontecimiento y fue entonces que comencé a ver que "los pasos del justo son ordenados por Dios." Ahora veo que algo sobrenatural está sucediendo en nuestras vidas de lo cual sabemos muy poco. Este libro es una sencilla revelación sobre el diseño de Dios para la vida. A menudo nos cegamos a ello complicando la agenda.

Creo que tú eres tan importante para Dios y Su plan como cualquier otra persona y que tu lugar en Su designio es tan único como tu ADN. Él vive dentro de quien que se lo pida para poder intervenir tu albedrío y obrar Su buena voluntad. Si aún no vive en ti, quiere hacerlo. Pídeselo ahora.

Cuando llegues al cielo, te asombrarás ante el valor de tu pequeña vida y de cómo su impacto tuvo muy poco que ver con tu habilidad de planear tu destino. Estas viviendo en una brecha, no solo orando en ella. Quiero que este libro te quite de encima el peso de un cometido equivocado y te ayude a encontrar el camino hacia tu auténtico propósito. Para poder tener un impacto, no necesitas tener fama o dinero, ni tampoco necesitas una educación superior. La capacidad para cambiar la historia ya está a tu disposición.

En estas páginas estaré machacando algunas de tus creencias "sagradas," ya que éstas complican la sencillez y la pureza de tu conocimiento de Jesucristo y el descanso en Su gracia. Quizás hayas perdido ya demasiado intentando ser grande, cuando todo este tiempo, grandeza eterna ha estado escondiéndose justo delante de ti.

No tienes que estar de acuerdo con todo lo que diga, solo escucha y considera. Descarta lo que debas, ¡pero diviértete leyendo!

Tu amiga

Melinda Fish

EL INTERCESOR ACCIDENTAL

Capítulo 1

La Misión Equivocada

Estaba en un púlpito en Texas cuando vi que estaba muy equivocada. Era un edificio grande, tenía una tribuna de dos hileras y la gente frente a mi estaba sentada en bancos tapizados. Los aseos del edificio tenían lavabos con encimeras de mármol. Por más de dos décadas y media había sido mi sueño el tener una congregación con un edificio así. Todos ignoraban lo que yo estaba pensando.

Nuestra congregación en Pittsburgh, Pennsylvania era solo una cómica caricatura de esto. No teníamos bancos tapizados y los lavabos de los baños no tenían encimeras de mármol. Nuestra congregación no había ni siquiera conseguido llegar al tamaño de la iglesia donde yo crecí; a pesar de nuestras oraciones por su crecimiento, Bill y yo sufrimos bajo la maldición de la pequeñez. Aún después de una década de avivamiento, lo que yo había deseado de parte de Dios todavía me rehuía, una iglesia grande como las que había en el sur. Fue entonces cuando finalmente me di cuenta que había tomado la misión equivocada. Con razón no había tenido la fe para verlo suceder. Creo que Dios siempre te da la fe para llevar a cabo Su plan, pero Dios no nos había llamado a Bill y a mí a levantar una gran congregación con un edificio como ese. He pasado años ayunando intensamente en muchas ocasiones 3 días, 7 días, 21 días y hasta 40 presionando para bajar la bendición. Todo ese tiempo ¿había sido mi propia agenda el propósito de mis oraciones y no el Suyo?

¡Lástima que no me di cuenta antes de todo ese ayuno! Daba por hecho que el plan de Dios para mí incluía una gran congregación con todos los programas en su sitio, un gran equipo de personas para llevar a cabo tus órdenes y los elogios de miembros sentados a tus pies impresionados por tus mensajes. Yo había crecido con ese modelo de ministerio. Ni siquiera me había tomado la molestia de preguntarle si era eso lo que Él quería para nosotros porque suponía que así era. Su agenda era mucho más fácil y no implicaba poner encimeras de mármol en los baños de la iglesia. Lo que Él quería es que me instalara en Pittsburgh hasta que estuviera cómodamente adaptada. Como un "terrorista" en un

11

comando legal, Dios quería que esperara que pasaran horas, días y años antes de que viera la razón por la que estaba allí.

Nuestras vidas sencillas tendrían un impacto de manera que era importante para Él aunque para otros no fuera lo mismo. Lo que quería es que confiara en Él.

Dios puso un cuidado especial en asegurarse que mi agenda no había reemplazado a la suya. Nos atrapó en un pueblo pequeño a las afueras de la ciudad de Pittsburgh, haciendo uso de sus instrumentos favoritos de dirección quitando cualquier otra opción. Lo que Él tenía pensado para Bill y para mí, era tocar vidas que nunca hubiéramos podido tocar si nos hubiéramos quedado en Texas o hubiéramos tenido una congregación grande que supervisar. El alcanzar esas vidas era más importante para Dios que darme lo que quería. Del mismo modo, quería que ellos me influenciaran. Me amó lo suficiente como para arriesgar su amistad conmigo y negó mi petición. ¡Nos lo había ocultado tan bien que nuestro propósito fue un secreto incluso de nosotros!

Lo que Dios necesitaba de nosotros era "estar allí." Estando allí me convertí en una "intercesora," un puente sobre una brecha en el tiempo y circunstancias que formarían una pequeña parte en el plan de Dios. En lugar de sentirme que estaba en control y ser la causante de ellas, más bien me sentía como si fuera víctima de circunstancias inciertas. Los caminos por los que había ido me habían parecido siempre accidentales. No podría haberlos ideado aún si lo hubiera intentado. Y ahora tampoco quiero.

Ser un intercesor no se trata de fingir una emoción santa cuando oras o ayunas durante 40 días. No es tan fácil. Es más bien estar dispuesto a dejar a un lado lo que quieres, confiando en que Dios amolde el patrón de tu vida conforme al de Su Hijo Unigénito para que te sientas a gusto cumpliendo tu parte en Su diseño. Si sabes lo que sucedió con Jesús, desde luego ¡no son buenas noticias! Contrario a lo que hice yo, Jesús *eligió* venir a sufrir y a morir. En momentos de euforia más de una vez le dije a Dios que haría lo que fuese para hacer Su voluntad, pero nunca imaginé cómo sería. Para poder "interceder" necesitaba rendirme a las luchas de mí vida para que esas situaciones, que me parecían tan accidentales, tuvieran un propósito para El.

Un intercesor es un defensor en la brecha que causa una interferencia en circunstancias y cambia la historia solo estando ahí. Un intercesor *cristiano* crea una interferencia divina en sus circunstancias solo por el hecho de estar allí. Es una extensión de "el Dios quien está allí" (Ezequiel 22:30)

El intercesor más grande de todos los tiempos es Jesucristo, Dios con nosotros. Nadie más intercederá como Él lo hizo. Él vio el valor de lo que había en ambos lados de la brecha eterna y escogió ponerse entre nuestro pecado y Su justicia. Siendo Dios, escogió hacerse un ser humano, despojándose a Sí mismo de todos Sus derechos y cada trozo de gloria y habilidad sobrenatural para estar sujeto a las obras que Su Padre había puesto delante de Él. Desplegaría Su poder sobrenatural para cumplir la voluntad de Su Padre, y estaría sujeto a toda clase de mal que el diablo pudiera maquinar para detenerle.

Entonces, ¿a dónde le llevó toda esta noble auto-negación? Vivió en dos reinos, Dios disfrazado como un ser humano normal. Vio un "universo paralelo," el Reino de los Cielos, y murió en la cruz para que nosotros pudiéramos tener "ojos" y verlo también. Su resurrección abrió la puerta a ello, para todo aquel que tenga la fe para creerlo.

He oído el mensaje desde pequeña creciendo en la Iglesia Bautista del Sur: Si crees de todo corazón en Jesucristo como tu Señor y Salvador, serás salvo; y tendrás ojos para ver el Reino de los Cielos. Tendrás la capacidad para verlo y vivirlo ahora, y un día entrarás en él cuando tu tiempo aquí se haya terminado. Jesucristo el Eterno defensor en la Brecha "quien vive por siempre para interceder por nosotros," como dice la escritura.

¿Evoca esta escritura una imagen de un altercado santo: el Cristo resucitado arrodillándose a los pies de Su Padre, implorando misericordia por nosotros, la cual Su Padre se muestra renuente dar? No estoy segura de que esa sea la clase de intercesión que Jesús está haciendo. Su vida misma en la presencia de Su Padre es la que intercede. ¡Jesús recuerda a nuestro Padre que Su plan de salvación funcionó! Esta realidad vital tiene una meta esencial: llevar a aquellos que creen a ese "universo paralelo" conocido como el Reino de los Cielos. Espero que esto no sea un choque cultural.

Jesús procuró describir este "universo paralelo" con relatos con la esperanza de suavizar el golpe. Uno de los relatos tiene que ver con una mujer, levadura y el Reino de los Cielos. El dijo: "El Reino de los Cielos es semejante a la levadura que tomó una mujer, y escondió en tres medidas de harina, hasta que todo fue leudado." (Mateo 13:33) En otras palabras, el Reino de los Cielos es tan poderoso que aún una partícula pequeñísima insertada por una mujer en el mundo, puede crecer hasta que lo que hoy existe se parezca a lo que originalmente fue planeado por Él.

Esto enfurecía a la multitud religiosa que se dedicaba a la falsa idea de que la entrada se conseguía guardando la ley. ¡Seguramente pensaban que Dios no podría hacer nada sin mucho esfuerzo humano! Aún no caían en la cuenta que no podían ni tenían que guardarla. La ley era el tutor que les mostraba su necesidad de un Salvador. (Gálatas 3:24) ¡Jesucristo, la encarnación de gracia y verdad, *era* su entrada! También despreciaban a las mujeres como un mal necesario, un bien de pertenencia útil para procrear, pero canales de decepción a la raza humana. ¡Seguramente, Dios únicamente usaría a una mujer en una emergencia! Jesús estaba "ante ellos" cuando dijo que el Reino de los Cielos es tan poderoso que aún una partícula pequeñísima suya insertada por una "débil" mujer en las circunstancias puede cambiarlo todo. ¿Qué estaba diciendo? Dios vive en los tres elementos: la mujer, la levadura impalpable y el Reino mismo. El está en todo y está obrando dentro de todo.

La esencia del Reino no es una materia prima natural. Es ajeno a lo que existe aquí, pero la buena noticia es que Él está aquí ahora y a tiempo. Él cambiará por completo la harina en masa.

Nadie ha tenido más fe que la que Dios el Padre tiene, quien a riesgo de soledad eterna insertó a Su Hijo Unigénito, en el mundo ahora infectado por el pecado poniéndolo a su disposición. Su acto de misericordia a tal costo personal trascendió en la sangre de Jesucristo creando la brecha sobre la cual cada persona debe andar hacia una relación con Él. Dios el Padre honra esa brecha como el único camino de salvación porque Él lo proporcionó. Jesucristo es Dios en carne humana. Nació, vivió, murió y resucitó otra vez para llegar a ser el autor de una salvación tan perfecta que nadie puede ignorar sin acarrear terribles consecuencias eternas.

La levadura del Reino de los Cielos es simplemente Dios mismo escondido en la mezcla, tres medidas de la misma sustancia: el pasado, el presente y el futuro. Dios siempre se ha interrelacionado con el hombre y siempre lo hará, pero ahora lo hace sólo a través de Su Hijo Jesucristo.

¿Dónde está entonces oculto Dios ahora? Se oculta dentro de aquellos quienes creen en la persona del Espíritu Santo para poder transformar la realidad aquí en la tierra. Si las habilidades naturales del hombre son inculcadas por el mismo Espíritu que levantó a Cristo de los muertos, es posible que el mundo pueda volver al diseño original de Dios.

De acuerdo al apóstol Pablo, el mayor misterio del evangelio es "Cristo en nosotros, la esperanza de Su gloria."(Colosenses 1:27) Es por eso que no hubo mención de "intercesión" en ninguno de los dones o ministerios específicos del Espíritu Santo. Cada cristiano que tiene el Espíritu Santo viviendo en él es un intercesor, llenando la brecha donde vive con la esencia del Reino de los Cielos. Interceder no es solo algo que hago, es lo que soy.

Jesús estaba declarando que una persona contagiada con el poderoso Reino de los Cielos es capaz de originar una epidemia divina al estar en contacto con una persona a la vez. El es la antítesis de un hongo maligno; pero a la vez es como un hongo, no necesita ser visible para ser poderoso y vencer al mundo. Anhela mi colaboración, pero es lo suficientemente poderoso para obrar a mí alrededor si es necesario. Todo este tiempo mi misión ha sido propagar la infección, no poner encimeras de mármol en los lavabos de baño de la iglesia. Jesús me estaba diciendo, "nadie puede ser mí discípulo a menos que entregue totalmente su propia *agenda*". Me sentí aliviada, pero me tomó más tiempo soltarla.

Rendir tu propia agenda deja un gran vacío en tu identidad, no te das cuenta que tan liado estas hasta que intentas deshacerte de ello. Jesús dejó el cielo por el infierno en la tierra. Yo había dejado Texas por Pittsburgh. ¡Sólo me faltaba traer mi corazón conmigo!

Capítulo 2
Descubriendo mí Brecha

Las antiguas palabras de la Biblia para "interceder" significan "estar en la brecha" e "irrumpir por accidente."* Mi brecha era Pittsburgh y al parecer había llegado allí por accidente. Pittsburgh no era un llamado misionero sofisticado en 1976. Estaba lleno de acerías que escupían un gas maloliente al anochecer, acumulándose sobre la ciudad en una capa de residuos polvorienta. Había casas de estructuras altas y angostas alicatadas con azulejos imitación ladrillo, con tejas de madera puestas de cualquier forma a lado de las casas victorianas auténticas. Era más parecido a lo que me imaginaba que era Europa del Este.

La gente me parecía severa no delicada como las "flores de magnolia" del Sur con las que yo había crecido. Además, estaba lleno de (Pittsburgh 'Stiller,' "Steeler" fans). Aficionados de los Pittsburgh 'Steelers,' club de fútbol americano que llaman en su acento provincial "Steelers," 'Stillers'). El espíritu de equipo en Pittsburgh se parecía al de la escuela secundaria de un pueblo. La población sudaba en negro y dorado, usando ropa de estos colores aún en los días que no había partido. Tenían un acento raro. Ellos iban 'than-than' en lugar de "down town" y decían 'yinz' en lugar de "y'all" (la jerga texana para "you all") Conducian por 'Turtle Crick' en lugar de "Turtle Creek" (Turtle Creek-el Arroyo de la Tortuga) Y no eran muy simpáticos. Tenían una forma muy directa de decirte las cosas, sin suavizarlas con apelativos como "cariño" o "cielo." Su brusquedad me ofendía.

No fue hasta que nuestros hijos se hicieron adolescentes cuando finalmente me convertí en una aficionada de los "Steelers" y conseguí mi propia "Terrible Tahl" (una bufanda de los "Steelers", "Stillers"). Entonces aprecié lo que antes había confundido por rudeza.

Probablemente me tomó más tiempo que a otros adaptarme a su terquedad. No era la zona integrista protestante del Sur y únicamente incluía un pequeñísimo grupo de Bautistas del Sur. La mayoría eran católicos romanos, presbiterianos, varios tipos de ortodoxos o nada. Casi parecía como si adoraran a un dios diferente. No me había dado cuenta cuánto predominaba el sur de los Estados Unidos la iglesia evangélica protestante hasta que me mude a Pittsburgh.

Pensé que esa ciudad hacía honor a su nombre,* pues a mí me parecía un "hoyo profundo." Podía identificarme con José del Antiguo Testamento. Su viaje personal con Dios comenzó en un hoyo profundo. Después estuvo atrapado por más de veinte años en Egipto en un hueco el cual él no escogió. Esperaba que a mí no me tomata tanto tiempo, pero no fue así.

La vida no era como la describirán en los libros de testimonios carismáticos que había leído en los años 70 con un milagro en cada página. Quería ser lo bastante espiritual para abrazar el sitio donde pensaba que Dios nos había puesto, pero a menudo me encontraba resistiendo en mi mente la idea de mudarme de nuevo a Texas. Si hubiera sabido entonces que nunca me iría, la idea me habría devastado. Deseaba que mi vida tuviera un impacto, un papel importante en el plan de Dios, pero en 1976 ese plan estaba separado de mí; escondido en un futuro lejano que implicaría décadas de vida normal.

Pittsburgh: en inglés, "pit" significa el abismo

Recuerdo haber oído a principio de los años 70 una predicación en una cinta acerca de 'abrazar el lugar donde Dios te envía'. De no haber sido por ese mensaje no hubiera considerado la idea.

¡Fue un verdadero choque cultural y quería S-A-L-I-R! Pensé que deseaba tomar mi cruz y seguir a Jesús, pero esto no estaba teniendo ningún sentido para mí.

¡Oh, no, Hay una Cruz en Mi Brecha!

Hay una cruz diseñada exclusivamente para cada cristiano. Encontrarás la tuya "plantada" en medio de tu brecha. Puede que caiga de sorpresa. No es como una mosca en tu sopa, es mucho peor. Para algunos cristianos es un martirio físico y para otros el martirio es lento e ignorado, estando en sitios donde no quieren estar pasando dificultades y sufriendo pérdidas que no quieren solo para tener el impacto que Dios ha diseñado para ellos. Obediencia a Jesús te llevará a dar tu vida para hacer lo que Él quiere.

Ahora sé que para Dios no hay un llamado más importante que otro, pero en aquel entonces pensaba que lo que estábamos haciendo ni siquiera contaba, pues no se parecía a las historias en los libros de misiones que habíamos leído como niñas en la iglesia Bautista. Pensaba que ser misionero era vivir en una choza en África- no en un piso en Pittsburgh. Estaba prohibido por las leyes locales testificar casa por casa en la ciudad. ¿Cómo podíamos llevar a alguien a Cristo? Daba por hecho que esto solo sería un paso hacia un auténtico campo misionero, si tan solo intentaba aguantar lo mejor que podía en Pittsburgh hasta que Él viera que estábamos listos para un ambiente más adecuado que estuviera listo para el evangelio.

Recuerdo a alguien decir una vez "no tienes que crucificarte a ti mismo. Otros lo harán por ti." El primer clavo atravesó nuestra reputación en los primeros seis meses de nuestra llegada a Pittsburgh. La denominación en la que había crecido determinó que no estábamos capacitados para el ministerio debido a que habíamos tenido una experiencia carismática.

Cuando enviaron un formulario de inquisición a los pastores, la última pregunta era ¿está el pastor o el liderazgo involucrado en el "movimiento carismático/lenguas?" Bill cometió el error de decir la verdad. Algunos pastores no lo hicieron por temor a perder su salario. Había sido un temor legítimo.

No podría haberlo lamentado más si le hubiese ocurrido a mi propio hijo, el jefe de la asociación dijo en un tono tan beato y tan monótono. Llamó a Bill a una reunión en Johnstown. Había decidido retirarnos la ayuda que la denominación tenia destinada a iglesias pequeñas que no podían permitirse sostener a un pastor. Esperaba que lo tomáramos como señal para irnos. Esta ayuda elevaría nuestro salario a un nivel más llevadero, pero ahora se había acabado. Esa decisión redujo nuestro sustento a la considerable suma de $187 dólares al mes, era todo lo que nuestra pequeña iglesia podía proporcionar. De no haber sido por los amigos de nuestra iglesia en Texas, no hubiéramos sobrevivido. Reforzaron nuestros ingresos a $300 dólares más cada mes, aún así no sé cómo lo logramos.

En menos de tres años casi todos en nuestra pequeña congregación decidieron buscar una iglesia mejor. No era que no querían ser parte de la denominación; era a nosotros a quién no querían. No fue hasta tiempo después que supimos que algunos de ellos habían hecho un pacto para probarnos durante dos años. Blaine y Sue Myers se quedaron, junto con Pam Krakowski; Nancy Westerbergh, Louise Allison, Judy, Dorothy, Nina y unos cuantos que vinieron después, pero todos los demás se fueron.

Así comenzó el ciclo de miembros yendo y viniendo, una anomalía de la cual no había oído hasta entonces. He sido miembro de la misma congregación toda mi vida. El hermano Shepard había sido nuestro pastor por 33 años. Jamás se nos hubiera ocurrido irnos de la iglesia. El panorama de la congregación de mi pueblo natal es tan claro para mí como lo fue en los años 50. Cada familia tenía su propio banco y lo defendía con una mirada si los invitados rondaban por ahí. Cuando alguien faltaba se notaba, pero sabías que volverían la próxima semana.

Bill y yo, con nuestra hija Sarah que tenía diez meses de edad; habíamos dejado a nuestra familia, nuestros amigos y nuestro estilo de vida para venir a Pittsburgh. No nos quedaba dinero en el banco y dependíamos totalmente en nuestra congregación para nuestro sustento. Ahora la misma gente que unánimes habían votado para que viniéramos se estaba yendo.

Aceptando la brecha donde Dios nos había llamado a estar llegó a ser una lucha que yo no quería. El hecho de que la gente iba y venía para mí era como una confirmación, además del rechazo que sentía cada vez que decidían marcharse. Aparentemente sonreía, pero por dentro a menudo lloraba y me sentía furiosa. Estallaba mientras preparaba la cena cada noche. No había esperado esto y empezaba a sentir que Dios no nos quería en Pittsburgh. Otros pastores estaban avanzando mientras nosotros sufríamos. Con todas las idas y venidas de la gente, para mí era muy difícil soltarlo todo y amarles. Puede que un día decidan irse y no les volvamos a ver nunca más. La única manera en que podía seguir era ocultando mis emociones hasta que no sentía nada. Estaba soportando el viaje, no disfrutándolo.

Antes de salir de Dallas, Bill había tenido una visión de un glaciar derritiéndose y rompiendo un dique en una montaña, y después un cuadro de una iglesia vencida y golpeada por el clima y el tiempo. De las puertas de esa pequeña iglesia empezó a fluir agua poco a poco hasta que el desierto entero llegó a ser un rio. Por donde fluía comenzaba a surgir vida.

¿Has notado que de cada imagen en ese cuadro hay un cambio progresivo, excepto el dique que se rompió, un evento catastrófico causado por un cambio gradual? ¿Nos estaba Dios diciendo que nuestro fruto iba a ser progresivo? ¿Te has dado cuenta que en toda la "visión" la iglesia seguía pequeña? No me había dado cuenta por años de esto. En lugar de eso subestimé el tiempo que se tomaría ver el desierto florecer, mientras que esperaba a tener una congregación del "tamaño ideal" y crear un impacto. Dios comenzó un proceso largo y tedioso para amoldarme a mi brecha. No es lo mismo que conformarse a este mundo, ni tan fácil.

Tiempo después, un amigo de Texas que no sabía nada sobre la visión de Bill pasó por nuestro apartamento en Pittsburgh de camino a otro lugar. Nos dijo que Dios le había dado Isaías 43:18-21 para nosotros. Describía un río en el desierto cuyas aguas hacían al desierto fructífero. Era una confirmación de la visión de Bill. Si no hubiera sido por Steve no sé lo que hubiéramos hecho. Esto era una confirmación de que deberíamos seguir aún si nuestro fruto no se notaba. Esto fue en 1976.

Capítulo 3
¿Qué es una Brecha?

En la historia de Jesús, la harina es la brecha. Hay distintos tipos de brechas y en cada una hay un intervalo entre lo que está pasando ahora y el cumplimiento del plan de Dios. Dios llena cada brecha con la volátil, no obstante invisible; levadura del Espíritu Santo encubierto en cada cristiano. Dios ve todas las brechas en el plan que existe ahora y anhela llenarlas con un pueblo fiel que está lleno con el Espíritu Santo. Para que tú puedas llenar tu brecha solo tienes que quedarte oculto el tiempo que Él te necesite allí.

Dios escoge tu brecha por ti ocultándola dentro del marco determinado por tu propia elección y la de otros. Tu humildad abre tus ojos para ver tu brecha y tu voluntad para aceptarla cada día proporciona sus límites. La ha diseñado a medida para ser un yugo fácil-si colaboras con Él. Es difícil cuando no eres consciente de ello porque estas llenando los espacios vacíos con tu propia agenda. Cuando encuentres tu brecha te darás cuenta que Dios ya te ha dado la gracia para ocuparla. Es muy común hablar acerca de encontrar tu propio destino, pero para andar en él necesitas aceptar tu brecha actual.

Un tipo de brecha es la brecha de tiempo. Existen **Brechas del tiempo** en el plan de Dios, entre lo que ahora es y lo que será. Para llenar esas brechas se necesita una gracia especial de parte de Dios para poder esperar. La Escritura indica estas brechas de tiempo únicamente con la frase, "fulano engendró tal y a cual". Me gustaría preguntar "¿Y qué más sucedió?"

La gente en esas brechas solo hacían lo que era correcto con los ingredientes de la vida cotidiana. Iban al supermercado, cocinaban y comían los alimentos, viajaban a sitios aunque muy lentamente; se casaban y cuidaban de sus hijos, no hacían nada más que ir a trabajar y volver a casa. Marcaban el tiempo hasta el momento que el tiempo llegaba a su plenitud.

"En la plenitud de tiempo..." Es el momento cuando Dios se "prepara" para hacer algo espectacular. Estos momentos son la crema de la galleta Oreo® entre incontables días usuales y aburridos y un sin fin de vidas vividas de las que solo Dios sabe.

Un día estaba en Inglaterra caminando por un cementerio antiguo al lado de una iglesia aún más antigua en un pueblo en Lincolnshire. Me di cuenta que no quedaba nadie vivo que ni siquiera supiera cómo era cualquiera de esta gente enterrada allí y a nadie tampoco le importaba. Sin embargo, si aquella gente no hubiese existido y llenado la brecha de tiempo, tú y yo no estuviéramos aquí ahora. Tú y yo somos descendientes de miles de generaciones de gente que vivió y murió sin saber por qué.

Si Dios ha diseñado tu vida para llenar una brecha en el tiempo, nunca sabrás por lo qué estas esperando o ni siquiera que lo estás haciendo, pero Dios basa tu recompensa en el cielo íntegramente en si has sido fiel o no para vivir esperando hallarle en tus encuentros cotidianos. No tienes que hacer nada espectacular. Tienes que hacer a un lado tus deseos y permitirle que abra la vida delante de ti. Tu vida traerá mayor gloria a Dios, lo que Miqueas llamó; "hacer justicia, amar misericordia y ser humilde ante ÉL." (Miqueas 6:8) Para poder estar a la medida de la brecha del tiempo necesitas aprender contentamiento o te volverás loco.

Entonces, ¿por qué rara vez oímos sermones sobre contentamiento? ¿Qué ha pasado con vivir la vida? ¿Qué de escrituras como: "y que procuréis tener tranquilidad, y ocuparos en vuestros negocios, y trabajar con vuestras manos..."? (I Tesalonicenses. 4:11) Escuchando a algunos predicadores decir, que necesitas usar tu fe para convertir piedras en coches y casas de lujo y puestos de trabajo atractivos con un sueldo más alto. Según ellos, es peligroso estar contento, puedes caer en la apatía. Para evitarlo simplemente necesitas ser más de lo que eres ahora mismo. Te dicen que tienes que tener más visiones de lo que eres capaz. Necesitas ir a otra parte para "servir a Dios," ayunar y orar más, hacer la oración del pecador con más víctimas, hacer señales y milagros en el centro comercial y hacer obras piadosas con más diligencia. Estoy segura de que no quieren enseñar que Dios no está satisfecho contigo a menos que te hagas daño para complacerle, pero el mensaje sutil siempre alcanza su objetivo. Sales de la iglesia sintiéndote ansioso y diciéndote: ¿Cómo puede Dios agradarse con la vida que simplemente es?

La verdad es que tal como fue con George Bailey, en la película "Qué Bello es Vivir" de Frank Capra, interpretada por Jimmy Stewart en 1946, las cosas serán diferentes porque tú estás aquí. George durante toda su vida quería dejar Bedford Falls. Su vida era común y se sentía carente de oportunidades que tan fácilmente habían estado al alcance de todos sus amigos. En desesperación, estuvo a punto de saltar de un puente cuando un ángel en forma de un pequeño anciano se le apareció. George le dijo que deseaba nunca haber nacido.

De repente George se encontró en el mundo que siempre ha conocido pero sin él. Era espantosamente diferente. El ángel le acompañó a través de esa realidad. Cuando las situaciones de la vida no salían tan bien como habían sido antes, el ángel le diría: "Pero George, nunca habías nacido." Conforme se dio cuenta del impacto de su vida normal, vio que ciertamente había hecho una diferencia tremenda. Volviendo a la realidad George recorría alegre el pueblo de manera inexplicable, besando cosas familiares y a gente conocida que una vez más le reconocían. Había cambiado el mundo a su alrededor, porque se había quedado en casa. ¿Qué si Dios solo espera eso, sería bastante para ti?

Tu cometido a una brecha en el tiempo significa que tendrás que tranquilizarte y estar contento para que Dios pueda aumentar tu influencia entre la gente que te rodea. Esto es lo que Jesús estaba haciendo cuando "Crecía en sabiduría y en estatura, y en gracia para con Dios y los hombres." (Lucas 2:52) Jesús estaba en Su brecha, adaptándose a ella de maravilla antes de llevar a cabo un solo milagro.

La gente que se mantiene valientemente en brechas del tiempo son quizás las más peligrosas para la causa del enemigo. Son los comandos legales, sus agentes secretos inteligentemente camuflados como gente normal para poder mantenerse ocultos en sus brechas. El defensor de la brecha del tiempo tiene aspecto normal porque es normal-con la diferencia de que tiene el Espíritu Santo en su interior. De hecho ama a la gente no porque tiene que-simplemente lo hace. Él o ella van al supermercado, a trabajar, al banco, ven la misma escena cada día. Hacen bromas y ven televisión. La persona en la posición de la brecha del tiempo en plena forma, es una demostración clara de una vida normal exaltada por conocer a Jesucristo que le inspira a hacer cosas buenas a otros y "estar ahí" para su familia y amigos. Creo que los defensores de la brecha del tiempo tendrán Medallas de Honor en el cielo ya que aquí no tienen gloria alguna. ¿Conoces a alguien así? Yo sí.

Una de ellas es mi amiga Sarah Phillips. Sarah fue la anfitriona del primer grupo de oración al que yo asistí en su casa de Wilmington, NC. Mide 1.52m., tiene ojos azules como el océano, y un acento sureño. Cada vez que suena el teléfono contesta con un "¡Jesuuuuús te aaaaama!" no importa quién esté al otro lado de la línea, captan el mensaje de todas maneras.

Sarah Phillips cambió mi vida una noche en 1971 diciendo una frase: "¿Sabías que Pat Boone habla en lenguas?" Sus palabras fueron como un aguijón incitando mi curiosidad. Cuando el hambre por Dios empezaba a brotar de mi interior, entonces ella sacó lo que llamábamos cariñosamente los "libros del Espíritu Santo" que tenía guardados en su habitación. Estos libros habían sido escritos por personas que habían estado preocupándose de sus asuntos hasta que Dios los enfrentó con la oportunidad de ser llenos del Espíritu Santo. Saciamos nuestra hambre con ellos hasta que también nosotros empezamos a hablar en lenguas.

Sarah ha vivido toda su vida en la misma casa, la misma calle. Había estado en sitios como Ucrania en viajes misioneros, pero ese tipo de ministerio no era para *ella*. Su mejor trabajo ha sido como una esposa y madre. Sarah cuidó de su anciana madre hasta que falleció. Su trabajo misionero ha sido de uno a uno con las reclusas de la prisión local y amistades que ha conocido por años. Actualmente, Sarah da un estudio bíblico a las mujeres de la tercera edad de su localidad y les llama cada semana para saber cómo están. Si enumero cada cosa que ha hecho, ocuparía otro libro ya que "sus hechos la alaban en las puertas." (Proverbios 31:31) Es tan maravillosamente práctica e idónea para su brecha.

No solo hay brechas del tiempo, sino que también existen **brechas de espacio,** brechas en el mapa mundial entre personas que se deben cumplir. Cerrar una brecha de espacio hace una diferencia radical en el presente y en el futuro. Quien llena y cierra una brecha de espacio tiene la gracia de Dios para poder moverse, cambiar de lugar sin importarle los miles de "qué pasaría si" que le impedirían de ello.

Un día, mis antepasados quienes al parecer vivían en el Reino Unido se dijeron en su acento británico: "la verdad es que estoy cansado de toda esta presión religiosa. Me voy a América del Norte." Abordaron un barco y navegaron hacia aquí cerrando una brecha de espacio de 3000 millas. Cualquier impacto que ellos o sus descendientes hubieran tenido ahora empieza en América del Norte debido a que se habían trasladado a un nuevo país. ¡En nuestro caso la decisión de mudarse pudo incluso haber restado un número de canallas de la población en el Reino Unido!

¡Antes de creerte demasiado grande para tus pantalones espirituales, recuerda que donde estas ahora, no ha sido del todo tú gran idea! La próxima vez que te encuentres en un lugar con otra gente recuerda que todos estáis en el mismo lugar no solo por tu decisión actual, sino que estas ahí porque miles de tus antepasados tomaron la decisión que ha afectado tu destino actual. ¿Quién sabe si oraron acerca de sus decisiones? No importa; Dios puede obrar en esa brecha también.

En la historia de Jesús, la mujer ocultó la levadura del Reino de los Cielos en tres medidas de harina. Una de esas medidas es el pasado donde Dios se ha relacionado con personas desde el principio de la creación.

Existen brechas en las relaciones dentro de las lagunas del espacio. Este espacio requiere una gracia sobrenatural para vincular a una persona con otra. El 14 de abril de 1967 hice un viaje en autobús desde Angleton a Austin, Texas. Era "Round-Up Weekend" en la Universidad de Texas. ('Fin de semana de Rodeo.' Es una fiesta de celebración. Antiguamente era lo que los vaqueros celebraban después de haber llevado sus animales al Mercado. Hoy en día es un evento social especial, como una 'fiesta de graduación'). Quería asistir a UT (Universidad de Texas) en el otoño, así que tomé la oportunidad de visitar y explorar el campus. Ese viernes por la noche una amiga de mi ciudad natal llamada Betty Crocker había planeado una cita a ciegas para mí. Betty me presentó a Bill Fish. ¡Bill y yo estamos casados desde 1970! No me di cuenta de cómo esa decisión cambiaría mi vida. Betty fue el punto de conexión que cerró la brecha de espacio entre Bill y yo. ¡Gracias Betty, has cambiado mi vida!

Si Dios te ha puesto donde estas, también ha puesto a otros alrededor tuyo. El ha pre-seleccionado "el orden de nuestros tiempos, y los límites de nuestra habitación; para que busquen a Dios, si en alguna manera puedan hallarle." (Hechos 17:26-17) La meta más importante en esta vida es llegar al eterno Reino de los Cielos. El ministerio de los intercesores accidentales es un ministerio de reconciliación donde Dios te usa para presentarte como un puente en la brecha entre Jesús y la gente que conoces. ¿Sabías que la mayoría de los cristianos se convirtieron porque un amigo les presentó a Jesús? Un "intercesor" se coló en sus vidas disfrazado como una persona normal y les amó lo suficiente para "estar allí" en sus luchas y momentos felices. Observaron a esos "intercesores" y encontraron algo diferente en ellos, la capacidad de continuar la vida con alegría y a seguir adelante en momentos cuando fueron tentados a detenerse.

Como un intercesor accidental, tu efecto puede ser la conexión entre una persona y otra. Esa conexión puede provenir de un encuentro casual-un accidente; cuando tú llenas ese vacío, te conviertes en el catalizador en la reacción en cadena que provocará una "explosión" a lo largo del tiempo. Para que algo maravilloso suceda alguien debe llenar esa brecha convirtiéndose en el punto de conexión. El conector hace de puente entre lo que ahora existe y lo que sucederá, vincula un problema con la solución, la idea con el inventor, el inventor con el promotor, el promotor con el cliente. Conectores cristianos enlazan al incrédulo con Jesús, el Salvador. Tendemos a llamarlos evangelistas. Dios sitúa evangelistas en cada ocupación incluido el ministerio profesional.

Billy Graham aceptó a Jesucristo como su Señor y Salvador en una reunión del evangelista Mordecai Ham en noviembre de 1934. Me pregunto si Mordecai se sintió espiritual la noche que Billy Graham se puso de pie frente al altar, o solo fue una noche normal cuando parecía que nada espectacular había sucedido. Si bien los resultados pueden parecer normales, estaban lejos de serlo. ¿Quién sabía que uno de los jóvenes que respondió al llamado del altar predicaría a millones y conduciría a miles de personas a Cristo de cada nación en el mundo? El no tuvo otra influencia sobre su joven convertido, pero no importaba. Él había liberado la invisible y poderosa levadura del Reino de los Cielos y llegó a ser parte del motivo por el cual decenas de millares de hombres y mujeres por todo el mundo conocieron a Jesús y lo enseñaron a sus hijos también. Mordecai llegó a ser la brecha, el conector a Jesús para una generación posterior a él. ¿Cuántas personas saben su nombre?

La invención del internet ha cerrado las brechas de espacio y ha abierto la puerta para poder influenciar a gente que nunca has conocido al otro lado del mundo. Nuestros amigos Joe y Anna Gregorian, son misioneros en Irán y Afganistán a través de internet. Joe es experto en análisis de riesgo de inversión de una empresa de bolsa, y Anna trabaja como contable. Ambos son misioneros por la tarde. Son inmigrantes armenios y ciudadanos de los Estados Unidos. Joe dice irónicamente: 'Yo corrí de Irán.' "I ran from Iran" En inglés es un juego de palabras. I ran= yo corrí, y Irán (el país) suenan igual.

Joe estaba en una reunión de avivamiento en Toronto hace más de quince años. Después de haber estado tumbado en el suelo, disfrutando de la presencia de Dios, Joe miró hacia abajo, y sobre la moqueta, tuvo una visión del mapa de Irán. (¡No, no era una mancha de café!) Las instrucciones de Dios le fueron reveladas. Sabía que podría encontrar una manera para llevar el evangelio. Comenzó a enviar Nuevos Testamentos traducidos a la gente que conocía allí. Muchas veces el gobierno los interceptaría reemplazándolos por escritos gnósticos antes de enviarlos. Aún así Joe continuó. Algunos de los Nuevos Testamentos se filtraron a través de la muralla invisible. El Cristo resucitado puede atravesar las paredes, ¿sabías eso?

Los iranís los recibieron. Como la demanda creció, comenzó a crear materiales en persa para discipular a nuevos cristianos. Con el desarrollo de la tecnología de internet, Joe y Anna sabían que este era el siguiente paso. Un amigo les ayudó a crear una página web en inglés http://www.evangelizeiran.org y otra en persa. Se corrió la voz en Irán de boca en boca. Los iranís comenzaron a ponerse en contacto con Joe en Estados Unidos por internet a través de una brecha de espacio.

Hoy en día, cuando Joe chatea por internet con investigadores, ha descubierto que Jesús se ha ido apareciendo a muchos iranís en sueños. Las demandas de literatura han inundado a Joe y Anna con solicitudes de material cristiano en persa, su lengua natal, y cada semana ora con alguien en Irán para recibir a Jesús como Señor y Salvador. Algunas veces cambia la dirección de la página web en persa solo para evadir el radar musulmán. Joe y su esposa Anna, quien pasa mucho tiempo en oración, están plantando congregaciones cristianas en su brecha que está al otro lado del mundo desde donde viven.

Joe y Anna son los conectores que han unido la brecha de espacio a través de internet; y también han sido la brecha entre una nación musulmana cerrada y Jesús.

Las brechas en las relaciones no solo necesitan conectores, a veces requieren **reconciliadores.** Estas personas tienen un don para reparar los puentes en las relaciones y a menudo lo hacen sin intentarlo. Animan a una relación a continuar que a la larga beneficiará al Reino de los Cielos y puede incluso mejorar las condiciones de la Tierra. Cuando Jesús dijo: "Bienaventurados los pacificadores, porque ellos serán llamados hijos de Dios," (Mateo 5:9) Él hablada de reconciliadores.

Más de 2.500 personas llenaron la iglesia mientras cientos más hacían cola en las calles y pasos a desnivel de Sugar Land, Tex, cuando el coche fúnebre con el cuerpo del ayudante del sheriff John David (J.D.) Norsworthy Jr., pasaba. Era demasiado pronto para que la muerte reclamara su joven vida, y nadie lo esperaba.

J.D. recibió una llamada el 27 de diciembre de 2010, después de las 6 de la tarde, para apoyar a un compañero agente que estaba persiguiendo a un coche robado. Cuando el coche patrulla de J.D. aceleró hacia la autopista 762 cerca de Richmond, Tex., confiaba en que el tráfico adelante cedería el paso a su sirena y se haría a un lado para permitirle pasar. Todos lo hicieron excepto una mujer. J.D. la esquivó, vio escombros en la carretera obstruyendo su vía. Hizo una decisión repentina para salvar a la gente en el carril que se acercaba. Se dirigió hacia la cuneta al lado opuesto de la carretera. El movimiento fue tan brusco que su coche patrulla giró fuera de control. Chocó con un árbol aplastando el coche y atrapándole dentro.

La información fue mediante una llamada a un sheriff igual que un testigo llama al 911. Uno de los que lo escucharon fue Chris, el amigo de toda la vida de J.D. Fue de prisa al lugar del accidente y fue el primero en llegar. Cuando Chris se agachó para ver dentro del coche, supo que la vida de J.D. corría peligro. Seguía consciente aunque su cuerpo estaba lleno de lesiones que después necesitaron 150 unidades de sangre con la esperanza de salvarlo.

Mientras D.J. y Chris hablaban, ambos sabían que sería la última vez. Chris estuvo al lado de J.D. mientras que la "cizalla" abría el vehículo aplastado. Él observó cuando el helicóptero evacuó a su mejor amigo del lugar del accidente. Cuando el helicóptero aterrizó hora y media después en el Hospital Memorial Hermann de Houston, J.D. entró en coma. Por más de una semana, estuvo al borde de la eternidad en la cama de un hospital, mientras que centenares de amigos y familiares se reunían en el hospital para orar y donar sangre.

John David fue un buen esposo y un padre maravilloso. Le encantaba montar a caballo y estar al aire libre con su padre. Su familia nunca supo del gran número de intervenciones extraordinarias que se quedaron sin ser reconocidas en su vida. Ahora estaban asombrados con lo que parecía ser un desfile interminable de gente normal y corriente, agradecida buscando palabras para describirles su gratitud por su tan breve vida. El escuchar sobre estos sucesos ayudó a su familia a ver los detalles del otro lado de la vida de su único hijo. Fue un buen amigo, el tipo de persona que sabía escuchar.

Su amigo Chris, quien también era ayudante de un sheriff, y había llegado primero al lugar del accidente. Fue quien más necesitaba su oído. Su matrimonio con Terriann se estaba disolviendo. John David le había escuchado y le había permitido preguntar lo incontestable sin pronunciar una sola palabra de juicio. J.D. solo le dejó desahogarse mientras caminaban juntos durante horas por el bosque.

Ahora Chris y Terriann se reunieron de nuevo a través de la brecha que les había separado. Esta vez J.D., ya casi sin vida, llenó la brecha. Ambos lo veían y lo recordaban, mientras su propio egoísmo les gritaba. Ver a J.D. al borde de la muerte, los despertó y los sacudió. Su propio matrimonio estaba al borde de la muerte, y no debería ser así si cada uno dejara al lado los segmentos de orgullo egoísta que los mantenía separados. Se reunieron en el lecho de muerte de quien silenciosamente había hecho más que ningún otro para reconciliarles. J.D. murió el 4 de enero de 2011, una semana después del accidente.

Probablemente John David nunca quiso llenar un vacío mientras estaba inconsciente en el hospital; pero incluso su agonizante vida estaba siendo poderosa por Dios quien restauró a una familia a través de él. J.D. era un reconciliador que no veía ninguna razón para el distanciamiento entre personas. Incluso en la muerte, testifica que ningún espacio entre personas debería sobrevivir.

Dios también designa a gente para llenar **brechas de necesidad**. A veces Dios llena esas brechas de manera inusual. En las secuelas del huracán Katrina en Nueva Orleans, la Cruz Roja evacuó a un niño críticamente enfermo desde Nueva Orleans a un hospital en Arkansas. El niño se encontró en un hospital donde se estaba desarrollando un tratamiento experimental para la misma enfermedad que él tenía. Recibió ese tratamiento y vivió.

No cabe duda que Dios estaba moviendo piezas en su sitio para asegurarse que viviera. Entre esas piezas había investigadores que iban a trabajar cada día en medio de atascos de tráfico, comían bocadillos de embutidos que traían de casa y trabajaban tarde porque sabían que estaban a punto de hacer un gran avance. No sabían que un huracán acortaría la distancia de espacio entre su descubrimiento y un niño que lo necesitaba. No son famosos, pero sus avances están salvando vidas. Dios los conoce y tiene contados todos y cada uno de los pelos de sus cabezas.

Luego está la **brecha desconocida**. Cuando Pablo estaba predicando en Atenas, se encontró en la capital de la idolatría. Había un "dios" para todo con su correspondiente estatua. Incluso encontró una estatua al "Dios no conocido" construida por los atenienses por si acaso les faltaba alguna. El "Dios" más importante en Atenas demostró ser el que no conocían. Quizás me falte una brecha en mi lista, así es que ¡voy a incluir ésta! Puede que no conozcas tu brecha hasta que te encuentres ocupándola. Tal vez ni siquiera estés consciente de ella, pero no importa siempre y cuando conozcas al Dios quien ve tu brecha.

El Dios verdadero es fácil de complacer y servir. Responde al amor. Si no conoces tu brecha, pero le amas lo suficiente para dejarle cambiar lo que haces, la encontrarás automáticamente. Amar a Dios lo suficiente para amar a la gente que te rodea es la mejor forma de llenar cualquier brecha. Si estas sirviendo a Dios en una brecha desconocida, está bien. Eres el epítome del "intercesor accidental". Si alguien te da las gracias por salvar el día, simplemente di "¡fue un accidente, no tenía intención de ayudar a nadie!"

Todas las grandes brechas son multidimensionales y contienen todo tipo de pequeñas brechas, y muchas son desconocidas excepto para Dios. Algunas brechas son temporales y cambian cuando Dios cumple Su propósito por el cual estás ahí. Otras brechas son permanentes y permanecer en ellas es vital para el plan de Dios. El cortará tus opciones y bloqueará tu salida con el fin de encerrarte. Encontrarás tus brechas, tus oportunidades para interceder, cuando aceptes tu ubicación actual. Habrá momentos que mediarás y no te darás cuenta que lo has hecho. Tú estás en una brecha ahora, solo que no lo sabes. Quizás no lo sabes porque nunca consideraste que lo que haces es tan importante para Dios.

Quizás no puedas verlo porque la levadura del orgullo te ha cegado. Serás de los que utilizan a la gente como el combustible para tu propia grandeza. El aceptar tu posición y ver la brecha implica humildad. Jesús fue la persona más humilde que ha existido. Él era Dios y se hizo hombre para poder morir en la cruz para llevarnos a Su Padre. Dios el Padre vio una brecha que tuvo que llenar, pero no encontró a nadie que pudiera hacerlo. Como dice la Escritura: "…y lo salvo Su brazo…" (Isaías 59:16; 63:5) Envió a Su Hijo unigénito, Jesús, en la brecha; fue lo bastante humilde para aceptar el desafío.

Esa clase de humildad viene cuando aceptas alegremente en donde Dios te ha puesto en este momento para que puedas ver tu brecha. Puedes empezar a localizarla cuando te das cuenta de sitios insignificantes que te rodean y la gente que se siente poco importante pero que necesita saber que es vital para el plan de Dios. Cuando verdaderamente reconoces que ellos son tan esenciales como tú lo eres en la mezcla. Lavarás sus pies con el respeto que se merecen.

¿Dónde están las brechas que te rodean? ¿Puedes intervenir? Si has dedicado tus caminos al Señor, Él está dirigiendo tus pasos. Cuando olvides tu agenda y comiences a vivir donde Dios te ha puesto ahora, tu brecha se hará visible. Empieza en tu "Jerusalén" La levadura del Reino es lo suficientemente poderosa para extenderse hasta los confines de la tierra.

"Se Busca Relleno Limpio"

Nunca había visto un anuncio que dijera "se busca relleno limpio" hasta que llegué a Pittsburgh. Texas era demasiado plano para necesitar cualquier relleno. Sin embargo, las colinas y los valles de Pennsylvania tenían muchas lagunas que era necesario cubrir con el fin de hacer mejor uso de bienes para fines de construcción. Los dueños de las propiedades ponían carteles que decían "Se busca relleno limpio." Esto significa que quieren escombros que no están llenos de cáscaras de plátano de ayer o el sofá viejo de tu abuela ¡solo quieren tierra limpia! Dios quiere relleno limpio también para poder llenar las brechas en su diseño. Él quiere gente normal, limpia de pecado y llena del Espíritu Santo, para ser perfectos embajadores que lleven la levadura del Reino de los Cielos dondequiera que vayan.

No sólo estamos sirviendo al Dios de la macro que creó todas esas imágenes alucinantes que vemos a través del telescopio espacial Hubble, sino que Él es el Dios del micro que creó el mundo de los hongos. Creó la levadura. Él está cómodo en todos los ámbitos, incluidos el invisible reino espiritual, que también Él ha creado. Es tan grande que nunca le entenderemos en su totalidad o seremos capaces de apreciar lo que Él es. Nuestra única esperanza es un día verlo tal y como Él es. ¿Te imaginas ser tan poderoso que todo aquel que te mira llega a ser como tú? (I Juan 3:2)

Quien escribió el libro de Hebreos dijo que Jesús es "la imagen misma de su sustancia" (Hebreos 1:3 RV) El Apóstol Pablo dijo que viéndole a Él podemos incluso ahora cambiar de una dimensión de gloria a otra. Viendo a Jesús como tu Salvador te hace relleno limpio y teniéndole a Él como el centro de tu vida te hace puro de corazón para seguir siendo relleno limpio para Sus brechas.

La persona que es pura de corazón no se esconde detrás de las hojas de higuera de una persona súper espiritual. Es humilde y acepta su brecha. Desprecia el pecado cuando se ve a sí mismo, y aún más cuando es tentado por él. ¡Está tan ocupado siendo real que no tiene mucho tiempo para meditar en los pecados de otros porque constantemente está reflexionando sobre lo que le tomó a Dios para salvarle!

No está ensimismado, está demasiado ocupado viviendo en el temor del Dios que le ama. Se deleita en ser una nueva creación en Cristo. Para él, vivir en el Reino ya ha comenzado. Vive a la luz de la eternidad, lo cual afecta a las decisiones que toma dentro de su brecha. La levadura del Reino, el "contagio santo" le infecta por completo, y por lo que a cristianismo respecta, él es auténtico.

El "contagio santo" fue publicado por primera vez en la tierra en Pentecostés, el día que el Espíritu Santo solucionó el problema por completo pellizcando trozos de sí mismo, como si fueran trocitos de guata para relleno, para vivir dentro de los seres humanos que creen en Él. La infección santa fue "viral". Se extendió de 120 a 3.000 "víctimas" en un día.

Y se ha estado multiplicando desde entonces en cada generación. Como la levadura en la masa del pan, no le vemos a Él, pero vemos lo que hace. Por lo general puedes notar a la persona que contiene el "relleno de Dios" (una expresión acuñada por mi amigo Kim Cipcic), dentro, ya que la gente que le rodea se siente amada incondicionalmente ¡y termina infectándose también!

Dios quiere tomar relleno limpio y cerrar las brechas aquí para que no haya más distancia entre Él y la gente que ama. El relleno limpio cierra la brecha entre lo que es y lo que podría ser ya que el re-llenador de brechas toma decisiones que cambian la historia.

Capítulo 4
La levadura y la Ecuación de Cambio

La levadura del Reino funciona a través de los cristianos, sean conscientes o no de ello. El cristiano que está lleno del Espíritu Santo desprende una agradable fragancia que anuncia la presencia de Dios. Como la levadura que causa que la masa suba, y el olor dulce despierta tu apetito por el pan entre tanto que silenciosamente cambia lo que está aquí en la tierra para asemejarse a los cielos.

Nunca he conocido a nadie que no quería provocar cambios. Todos causan cambios de todas maneras, y esto es más fácil de lo que parece. El cambio surge a través de un ser humano cuando una persona ejerce dos fuerzas humanas comunes: **el poder de elección** y el **poder de la influencia.** Un cambio eterno sucede cuando encomiendas estas fuerzas a Dios.

Recientemente conocí a una mujer que llenó una brecha de necesidad repentina por el hecho de estar en el lugar adecuado un día en un momento fortuito. Cuando Darrell se puso sus pantalones vaqueros ese día, pensó que solo iba a la tienda, pero este recado cambiaría el futuro. Había un débil olor de humo de barbacoa en el aire y el cielo de Texas estaba despejado sin señal alguna de lo iba a ocurrir a continuación.

Mientras caminaba por la acera se encontró frente a un coche cuyo motor estaba ronroneando, aparcado frente a la tienda. Era evidente que el conductor tenía intención de entrar en la tienda solo un minuto y se había sentido seguro dejar el coche con el motor en marcha. El coche estaría a la vista a través de la ventana de cristal de la tienda.

De repente, el coche empezó a circular hacia la carretera. En ese mismo instante, Darrell alcanzó a ver dos niños saltar en el asiento trasero del coche. Miró hacia la carretera y se horrorizó. Un camión de 18 ruedas estaba frenando, el conductor intentando parar, su enorme carga se estaba moviendo desequilibrando el peso y lanzando al camión fuera de control. En un impulso Darrell corrió hacia el coche, abrió la puerta del lado del conductor se deslizó en el asiento delantero. La marcha se había cambiado y ahora iba rodando más rápido hacia la carretera y en la ruta del camión. Ella metió de golpe el embrague y cambió las marchas de un coche que nunca había conducido. Metió la primera marcha y pisó el acelerador. El coche se precipitó hacia adelante al igual que el enorme camión se abalanzó a través del hueco que ella acababa de crear y se detuvo a sólo unos centímetros de distancia del coche.

La seguridad de la propia Darrell no se le había pasado por la mente hasta entonces. El horrible resultado que acababa de evitar era una cuestión prioritaria para ella. En ese momento la madre salió de la tienda; su rostro mostraba una expresión de terror. Había visto todo el incidente desde el mostrador de la tienda con impotencia. Abrazó a Darrell y sollozó. ¿Quién podría encontrar palabras para agradecer a un perfecto desconocido que acababa de salvar la vida de sus hijos arriesgando la suya?

Cuando Darrell salió de casa ese día, no tenía intención de ayudar a nadie. Todo esto le parecía como un "accidente" tanto como el que ella había evitado que sucediera. Todo sucedió sin su conocimiento previo. Reaccionó ante la situación que se presentaba delante de ella. El resultado cambió las cosas para siempre, cerrando puertas a una tragedia que hubiera marcado la vida de muchos y abierto nuevas puertas para todos los que salvó de la posible colisión.

De eso hace ya 25 años. Darrell perdió la cuenta inmediatamente de los niños que había rescatado. Desde entonces han crecido y probablemente se han casado y han tenido hijos también. El margen estrecho que esquivó el conductor del camión le libró de cometer homicidio involuntario. Darrell había rescatado la vida de los preciosos niños de esa madre y libró a esa familia, y al conductor y su familia de dolor insoportable. Darrell respondió a la brecha que se abrió ante ella afectando el presente lo cual afectó también el futuro.

Cuando Darrell rescató las vidas de dos niños interviniendo para evitar el accidente, decidió cerrar la brecha la cual, acogiéndose a su **poder de elección**, alteró el futuro. La situación que se le presentó a Darrell ese día fue el resultado de un sinnúmero de decisiones tomadas una a una por sus antepasados-incluso los más remotos de los cuales nunca había visto ni oído hablar de ellos- lo mismo que su decisión de ir a la tienda. Ella tomó otra decisión ese día de intervenir y evitar el accidente. Los cambios ocasionados por las decisiones de Darrell ese día establecieron alternativas para la gente en el futuro.

Tú estás dónde estás ahora porque tú y tus antepasados formáis parte de una cadena eterna de decisiones, creando lo que la historia será de lo que parece aleatorio. Cada persona que se convierte en un defensor de la brecha constituye otro eslabón en ella. La cadena tiene movimiento e impulso. En el instante en que Dios aclaró Su garganta y dijo: "Hágase...", comenzó la cadena. El impulso de la cadena inicial creó miles de millones de otras cadenas y finalmente ha creado la realidad actual.

Sin embargo, ¿qué pasa si hay una ruptura en la cadena, un espacio demasiado amplio para cruzar? ¿Quién será el "defensor de la brecha" el preceptor del impulso que sirve de puente en la brecha entre lo que es ahora y lo que podría ser? El defensor de la brecha cambia las circunstancias que afectan a lo que finalmente ocurrirá. Los cambios que se produjeron por las decisiones de Darrell no solo modificaron el presente, sino que cortaron una ruta de acceso en el futuro. Si los niños hubieran muerto, sus hijos nunca hubieran nacido. La historia cambió en ese momento como lo hizo al final de la Segunda Guerra Mundial.

A primeras horas de la mañana se difundió la noticia en la sede del tercer Reich que las fuerzas aliadas habían lanzado un ataque masivo en las playas de Francia. Era el 6 de junio de 1944, y Hitler estaba dormido. Su agregado temía el temperamento de su dictador y falló al no despertarlo con la noticia de la invasión. Esta decisión fue la causa de que el agregado fracasara en ejercitar su **poder de influencia** en el resultado de este evento. Él no cerró la brecha, al menos no en cuanto a la Alemania Nazi se refiere. Debido a este fracaso, Hitler perdió tiempo valioso y no pudo desplegar su división motorizada más temida a los frentes de batalla. De haberlo hecho habría aplastado el Desembarco de Normandía y habría alterado la historia. Afortunadamente se quedó dormido.

Lo que Darrell hizo y lo que el agregado de Hitler hizo accidentalmente es lo que se llama intercesión. Darrell fue el eslabón en una brecha que necesitaba ser cubierta. Recuerda que "interceder" literalmente significa "ponerse a favor de alguien-por accidente" El intercesor cubre el vacío y transmite el ánimo que crea los componentes presentes para la siguiente situación. Aporta el impulso que altera un suceso y permite una cadena de otros dominós colapsarse también. La reacción en cadena solo se detiene cuando la brecha es demasiado grande para que un solo dominó toque al siguiente.

Esta separación crea también una reacción en cadena, un divorcio de la fuente original de impulso, facultado por la inercia, la capacidad de estar quieto. La brecha es demasiado ancha y no hay ningún puente. Esto desvía el impulso causando que el dominó comience a caer en otra dirección. El agregado de Hitler fue culpable. El cambió la historia al decidir no hacer nada. Él no lo sabía, pero él cerró la brecha para los aliados tanto como si hubiera estado usando uno de sus uniformes.

Si Darrell hubiera temido por su vida y decidido no parar el coche, las consecuencias hubieran sido horribles. Por lo tanto, para que la cadena de dominós continúe tiene que haber un puente.

La intercesión construye ese puente llenando una brecha entre lo que es ahora y lo que podría ser. El llenar ese vacío cambia el resultado y afecta tanto a la situación como a la persona que aplica el golpe de impulso a la última pieza dominó antes del colapso final. Generalmente, honramos a los que ejecutan ese golpe final, pero Dios honra a los de en medio también.

Tú puedes llenar brechas sin ser famoso ni tener dinero ni estudios superiores. Solo tienes que estar ahí. El hecho de estar allí es la diferencia entre lo que es y lo que podría ser. Si decides cerrar una brecha, el resultado del mundo va a cambiar. Quizás no veas el efecto final de las miles de cadenas que tu decisión, aparentemente insignificante, pone en movimiento, pero a través de otro factor, el **poder de situación** afectará el cambio.

Lo que sucede en la vida de cada persona depende de una mezcla de decisiones basado totalmente en cómo una persona decide reaccionar a lo que otros disponen o no hacer. Los resultados de las decisiones de otras personas. La decisión que tomes a continuación creará el entorno para los demás y finalmente cambiará el mundo-aunque probablemente no verás el fin de la cadena. Tu decisión cerrará también puertas específicas de oportunidad ya que una persona no puede estar en más de un sitio a la vez. El reconocer el poder misterioso de tomar una decisión mundana da significado a los minutos más aburridos de la vida.

La otra variable en la ecuación del **poder de situación**, determina a quién afectará tus decisiones. Quizás hayas oído hablar de la teoría popular llamada "los seis grados de Kevin Bacon." Es la teoría que todos los seres humanos están interrelacionados hasta el final, que nadie está a más de seis conocidos de distancia de conocer a todos los demás del planeta. En otras palabras: tú estás a solo seis relaciones o menos de separación de conocer al actor Kevin Bacon o a cualquier otra persona. Esto explica el porqué conocer a alguien y descubrir que sabe de alguien que tú conoces te hace sentir que el mundo es pequeño. Si esta teoría es cierta, aumenta cada vez más el poder de las decisiones de una persona y da peso al coeficiente de la ecuación, el **poder de influencia**.

El poder de influencia afecta a la toma de decisiones y así altera el resultado de la historia, como sucedió en el Desembarco de Normandía. Si Hitler quería ganar la guerra, tendría que haber escogido a un agregado menos tímido para ese turno, uno que hubiera sido lo bastante audaz para despertarle. Fue una decisión que afectó el resultado de la guerra ya que el **poder de decisión** había afectado la ocupación del agregado cuya decisión de no despertar a Hitler afectó el despliegue de la división motorizada.

El Efecto Álamo

Incluso la inspiración para este libro surgió como resultado directo de otro evento aparentemente sin importancia en mi vida, un encuentro "accidental" que tuve en 1995 con mi primo lejano en el Álamo de San Antonio, Texas. Esto ilustra el **poder de elección** en combinación con el **poder de situación** para crear un cambio.

Era durante las vacaciones de Navidad cuando una marea de turistas se reunió en la zona centro de la ciudad, entre los que estaban los cuatro miembros de nuestra familia. Formábamos parte de esa marea de gente porque queríamos que nuestros hijos vieran el famoso Álamo, el símbolo de la independencia de Texas en el corazón de la ciudad de San Antonio. Otros estaban también en la ciudad para el Álamo Bowl, con los equipos de fútbol de la Universidad de Texas A & M y la Universidad de Illinois.

Mis hijos no se percataron de la fascinante oportunidad que emergía ante ellos para ver la pequeña misión que había tenido tal impacto en la historia de Texas. Querían ir al centro comercial cercano supuestamente para estar en una de sus tiendas favoritas, ¡GAP! No había nada que pudiera saciar su deseo, aún después de haber visto la presentación de la batalla en IMAX. Yo no sabía por qué la película no había tenido el impacto deseado en ellos, pero Bill y yo tomamos el mando rápidamente e insistimos en que todos fuésemos al Álamo real ya que estábamos frente a él.

Visitamos la pequeña capilla, hicimos el recorrido inevitable a la tienda de recuerdos y nos dirigimos hacia el centro comercial a través de la parte posterior del patio del Álamo. De repente, divisé a alguien que conocía. Era un primo lejano a quien había visto quizás cinco veces en toda mi vida en funerales de familiares. Solo era la quinta vez que visitaba el Álamo. Mi esposo, mis hijos y yo vivíamos en Pittsburgh, Pa. Mi primo resultó ser Vicepresidente de Asuntos Estudiantiles de la Universidad de Texas A & M en College Station, Tx. Lo paré o si no habría pasado de largo.

"¿Perdona, no eres Malon Southerland?" Pregunté

"Si, por qué" Respondió

Me identifiqué como su prima lejana y le presenté a mi familia. Charlamos por unos minutos, y seguimos cada uno en distinta dirección.

No sé por qué doy importancia a este suceso. Pero no pude evitar maravillarme en todos estos años del "milagro" de haberme encontrado con él. Si cualquier elección que uno de los dos hubiera hecho ese día habría sido diferente, nuestros caminos no se habrían cruzado. Si hubiese tomado un vaso grande de té helado a la hora de comer y estado en el cuarto de aseo, ¡probablemente no le habría visto allí! Si nuestros hijos nos hubieran convencido para ir al centro comercial primero, no le habría visto. Si cualquier cosa hubiese sido distinta en los partidos de fútbol en Texas A & M esa temporada, no habrían ganado el privilegio de estar en la ciudad para el Álamo Bowl. ¿Habría Malom estado allí? Es más, si los 183 defensores del Álamo no hubiesen escogido morir para resistir al enemigo allí en 1836, ¡es totalmente dudoso que hubiese visto a mi primo en el patio del Álamo!

He mencionado esto muchas veces. Uno de nuestros amigos, David Matthews, que es pastor en Romford, Inglaterra lo llamó. "El Efecto Álamo." Es el extraordinario **poder de elección** colisionando con el **poder de situación** para crear un **cambio**. En este caso el cambio fue la curiosidad que dio origen a este libro. En el caso del agregado de Hitler, su elección afectó significativamente el resultado de la II Guerra Mundial.

La ecuación que crea el cambio es la siguiente: **tu brecha (tu ubicación)**+tus **elecciones (modificados por sus influencias)=cambio**. Cualquier cambio que hagas o experimentes en tu vida saldrá de esta ecuación. Tú y las personas que conviven en la tierra contigo afectan las variables en la misma. Tú estás en el lugar y en el momento adecuado, divinamente ubicado, en un exuberante bosque de oportunidades que nadie más se puede permitir. Lo que ha sucedido no es más importante que tu reacción a lo ocurrido. Tu respuesta a las circunstancias frente a ti determina lo que la historia será para ti, y para otros quizás nunca lo sepas. Si entiendes el poder residente en cada elección, por favor sé lo bastante sabio para afectar el cambio para lo mejor.

Más de Ti y Menos de Mí

En el 2005, mi amiga Vania Rorato, en Sapiranga, Brasil, me dio la oportunidad de mi vida. Volar a Brasil para hacerme cirugía estética. Vania es pastora de una congregación de varios cientos de creyentes en Sapiranga, y es preciosa. Un día me dijo en su marcado acento portugués: "Melinda, estás tan delgada, aquí y aquí (refiriéndose a mis brazos flacos), pero aquí, no (refiriéndose estómago regordete). Conozco a alguien que puede ayudarte. Ha operado a muchas mujeres de mi congregación, y no es caro."

Al principio pensé, gracias Vania, la verdad es que necesitaba oír eso. Sin embargo, siempre he bromeado desde el púlpito sobre si elegiría la abdominoplastia o el lifting si alguien me diera la oportunidad. Casi parecía que Dios me estaba hablando, incluso bromeando conmigo a través de Vania.

Oré acerca de esto y hablé con mi marido. El me afirmó que no necesitaba hacer esto y que estaba contento de mi aspecto, pero me dejó la decisión a mí. ¡Después de diez años de renovación espiritual, decidí que mi exterior debería verse como mi interior renovado!

Decidí ir a por ello. En agosto de 2005, viajé a Brasil y me hicieron la cirugía. No solo fueron sorprendentes los resultados, sino que también recibí una de las mejores atenciones médicas que he tenido. El médico se mantuvo en contacto por teléfono conmigo todos los días mientras estaba en la casa de Vania y su esposo Sadi.

La recuperación se tomó casi un mes. Fue mi viaje de "¡más de Ti y menos de mí!" Pasé tiempo leyendo novelas de crimen, la Biblia, riendo con mis "colegas" brasileños. También vi detalle a detalle el suceso del huracán Katrina y sus secuelas devastadoras.

Fue entonces cuando conocí a Ana Noguera. Ana me ayudó cuando tenía que ir al baño y a ducharme. Durante este tiempo nos hicimos amigas. Un día en un impulso dije:

"Ana, ¿por qué no vienes a Pittsburgh a verme?"
"Hablas en Serio" preguntó ella.
"Por supuesto que sí", le dije.

Es casi imposible que un ciudadano brasileño obtenga un visado para entrar a los Estados Unidos debido a que el segundo grupo mayor de ilegales en este país es brasileño. (Sabemos de pastores brasileños que no han podido asistir a una conferencia aquí en los Estados Unidos porque es muy difícil obtener un visado).

Aún así Ana decidió intentarlo, y fue a la embajada de los Estados Unidos en Sao Paulo unos meses después. El funcionario ni siquiera miró sus papeles. Solo le selló el pasaporte. En marzo del 2006, Ana llegó para lo que iba a ser un año de prácticas como trabajadora religiosa en nuestra congregación.

Qué valor para una joven de 18 años venir a un país tan lejano por un periodo de tiempo tan largo. La congregación se enamoró de Ana enseguida. La abrazaron como a una hermana. Durante este periodo de tiempo, nuestra congregación comenzó a cambiar dando una importancia especial a las relaciones genuinas. Ana se adaptó enseguida.

Hizo amigos y colaboró en la iglesia, Incluso organizó una salida de alcance a Nueva Orleans el verano siguiente. ¡Qué irónico que juntas habíamos visto en Brasil, la cobertura televisiva del desastre del huracán! Ahora, casi un año después, ella estaba con nosotros en Nueva Orleans.

En seis meses, comenzamos a temer el momento en que ella tendría que decir adiós hasta que alguien tuvo la idea de que Ana necesitaba ir a la universidad aquí. Llamamos a las puertas de varias universidades, pero no hubo respuesta. Finalmente una mujer en nuestra congregación, que era profesora, la llevó a una universidad a solo 20 minutos de nuestra casa.

Para asombro de todos, Ana recibió una beca parcial y la facilidad de trabajar en el campus. La universidad le concedió un visado de estudiante. Nuestra congregación decidió ayudarle a ella y a sus padres a pagar el resto de la matrícula. En 2010 Ana se graduó con honores.

Seis semanas más tarde, se casó con Josh Chatham, un joven científico espacial de nuestra iglesia. Josh se había enamorado de Ana a los dos años de haber llegado. Estuvieron saliendo juntos durante un año y medio antes de la boda.

Ana vivió en un apartamento de la iglesia parte del tiempo y también en nuestra casa, para que pudiéramos llevarla en coche a su clase. La habitación donde ella se quedaba en nuestra casa era mi habitación de huéspedes, la que había decorado con recuerdos de Texas.

Nueve meses después de la boda de Josh y Ana, se abrió una puerta para Josh en SpaceX, cerca de Waco, Texas. Es donde viven ahora. Él está diseñando cohetes para esta compañía privada para explorar el espacio.

¿Me atrevería a decir? ¡Puede ser que el matrimonio de Josh y Ana en realidad dependió en mi decisión de ir a Brasil y tener una abdominoplastia y un lifting! ¡Una vez más, el poder de elección colisionó con el poder de situación para cambiar dos vidas! Cerré una brecha de espacio para Josh y Ana. Fue un accidente. Yo no tuve la intención de ayudar a nadie. Pero puede que Dios sí.

¿Puede ser que Dios acepta la cirugía plástica? ¡Mi única esperanza es que Él ve mi cirugía como un verdadero "sufrimiento por el evangelio"!

Sin embargo, ¡Dios vio que mis decisiones me ubicaron en el lugar correcto en el momento oportuno para dar lugar a un cambio necesario!

Capítulo 5
Influyendo el Poder de Elección

¿Qué **causa** las elecciones que ponen a una persona en el lugar correcto en el momento adecuado? Qué o quién nos influye determina las elecciones que hacemos. Las personas que compiten por una posición a menudo ignoran que el tener un oficio o un título es secundario al poder de influencia. ¿De qué sirve tener autoridad sin el poder de influir? Si tengo que elegir entre los dos, elegiré el **poder de la influencia**.

Ester, la heroína bíblica que salvó a los judíos de destrucción, ejerció el **poder de la influencia** con la precisión de un microcirujano con un bisturí electrónico. Ella no tenía autoridad para rescatar a su pueblo, pero elevó al máximo sus poderes de influencia para persuadir al rey. ¡Su belleza, su maquillaje y sus joyas captaron la atención del rey! ¿Quién hubiera pensado que Miss Babilonia derrotaría a Amán, el poderoso e influyente enemigo, que había manipulado a su marido a firmar la orden para la destrucción de los judíos?

Cuando el rey se dio cuenta de que Amán le había manipulado para ordenar la destrucción de los judíos, incluyendo a su bella Ester, emitió un nuevo decreto: apoyó a los judíos para luchar contra sus enemigos ¡y colgar a Amán ya que estaban en ello! El poder de influencia de Ester alteró la historia bíblica y rescató a una nación, porque su primo Mardoqueo influenció en ella para ejercer su poder de influencia.

Favor: *El Preludio para Influir*

El poder de Ester para influenciar al rey fue el resultado de su favor en él. ¿De dónde obtuvo este favor? Se lo ganó escuchando a otro de los sirvientes del rey, el eunuco que estaba a cargo del harén. Él sabía lo que al rey le gustaba y lo que no. Se llevó con ella a su cámara solo lo que el siervo le aconsejó. Y capturó el favor del rey, pero nadie se dio cuenta del peso eterno de ese momento.

Dios le estaba concediendo favor con el rey para un propósito mucho más importante. Ester no lo sabía, pero ella salvaría al pueblo Judío y preservaría la línea Mesiánica.

La gente concede favor a otros gradual o repentinamente para así abrir la puerta a su influencia. Al pedir una comida en un restaurante, a menudo pido consejo al camarero, ¿"cuál es tu favorito"? ¡Siempre y cuando no sea hígado, suelo seguir su consejo! Los camareros suelen comer la comida del restaurante y son excelentes catadores- a menos que sus papilas gustativas hayan sido quemadas en algún tipo de accidente extraño. Raras veces me he equivocado cuando sigo sus consejos.

Aunque yo no los conozco, les concedo el poder para influir en mi elección debido a su experiencia con la comida. La posibilidad de equivocarse es mínima, así es que les permito decidir entre mis selecciones.

Sin embargo, en caso de decisiones que más afectan toda la vida, concedo favorecer a las personas que me aman y lo han demostrado a través de sus hechos de que son dignos de confianza. ¡No tomo consejos de extraños o de personas que sé que están manipulándome para su propio beneficio como vendedores de autos usados! Me reservo el favor para personas con motivos más puros. (Si tú eres un vendedor de coches usados, lo siento).

¿Has considerado pedir que Dios te de favor, por ejemplo, cuando vas a hacer una entrevista de trabajo? Yo siempre le pido a Dios que me dé favor con una congregación cuando me invitan a compartir, especialmente sobre algo tan importante como su relación con Jesús. Cuando me acerco a una congregación, quiero que me acepten para que puedan aceptar el mensaje que traigo. Si me rechazan, no seré capaz de influir en ellos. Estaré malgastando mi aliento-y su tiempo. Yo necesito su favor y creo que Dios es quien me lo puede dar para Sus designios. No necesito ganarme el favor; es un regalo de Dios. Ganarse el favor es una manera de manipulación.

Eliminado la Influencia Maligna

Algunos de los más famosos villanos en las Escrituras se metieron en problemas cuando se vieron inducidos por gente malvada y ejercieron influencia y destrucción sobre ellos. Coré Datán y Abiram comenzaron una rebelión mientras Moisés estaba con Dios en el Monte Sinaí. Su vínculo negativo dio lugar a la rebelión. Cada uno de ellos dio su apoyo a alguien cuya influencia era malvada y como resultado perdieron sus vidas. La tierra se abrió y los tragó a ellos y a sus familias, ¡esto demuestra lo bueno que es saber qué te está influyendo!

Considera las influencias en tu propia vida. Aunque tienes derecho a elegir, tu derecho a menudo es influenciado por lo que otros piensan o hacen. Sin embargo, es más importante considerar lo que Dios piensa. ¿Son tus influencias piadosas o manipuladoras? Pregúntate ¿qué esperan conseguir de la decisión en cuestión? La respuesta puede revelar un motivo oculto y egoísta.

Las influencias en tu vida pueden afectar como percibes la necesidad y el deseo personal, las dos razones por las que generalmente hacemos cada elección. Manipulación es la falsificación del diablo a una influencia piadosa, ya que sustrae del hombre su libertad de elegir, un derecho dado por Dios. En la historia de Ester, Amán tuvo una influencia maligna sobre el rey al ejercer su poder demoníaco.

Tanto si eres una víctima de manipulación o responsable de ello, ten por seguro que el diablo está involucrado. Él sabe que el hombre tiene el poder de elegir, por lo que tienta al hombre con el fin de manipular el resultado que le conviene. Jesús le dijo a Poncio Pilato que los escribas y fariseos que Le entregaron a los romanos tenían el "mayor pecado." Él estaba indicando que las maquinaciones políticas que llevaron a Pilato a tener que enfrentarse a una elección para la cual él no estaba preparado a hacer, fue una mayor ofensa en la economía de Dios que el pecado de Pilato. El pecado de Pilato fue vacilación, "escurrir el bulto," lo cual inclinó el domino final y condenó a Jesús a muerte.

¿Por qué la gente recurre a la manipulación para conseguir el resultado que desean? Es porque no confían en Dios. No confían en el plan de Dios o en Su capacidad para ver lo que es necesario que suceda y llevarlo a cabo. La manipulación es parte de la confusión de Satanás que al final fallará. Cualquier cosa que consigas a través de la manipulación provocará más manipulación para mantenerlo. Esto es siempre un espiral descendente a la esclavitud.

¡Es Todo lo Contrario!

En Isaías capítulo 14, el profeta está hablando del rey de Babilonia cuando de repente todos los lectores se dan cuenta que está hablando de Lucifer quien se juró a ascender hasta establecer su trono por encima de las estrellas de Dios, para llegar a ser como el Altísimo. Dios lo arrojó. Lucifer se convirtió en el apóstol de la muerte eterna, el vanguardista de la senda hacia el infierno para todo aquel que quiera ignorar a Jesús y levantarse a sí mismo como su propio salvador. Su "iglesia" está en "Gehenna," el basurero eterno del cielo y la tierra, ¡lleno de gusanos vivos y fuego eterno! ¿No quieres permanecer fuera de problemas, bajando la cabeza, solo el pensar en ello?

¿Cómo obtuvo Jesús el nombre que es sobre todo nombre y encontró un puesto en el trono a la diestra de Su Padre? Él tomó el camino contrario. Se humilló y tomó la senda que le llevó a Su muerte. Confió en Su Padre aún en el horrendo momento en la cruz cuando se sintió abandonado. Se encontró en la tumba, pero no usaría ni uno de sus dedos poderosos para salvarse. Él no intentó manipular la situación para defenderse. Mientras que en otras ocasiones de Su vida Había escapado de sus enemigos "desapareciendo de en medio de ellos," ahora era tiempo de morir. Aceptó el peor momento de Su brecha y confió en Su Padre. Ni tampoco se quejó de ello.

¿Qué hizo Dios en respuesta a este tipo de confianza? Él lo "transportó," y levantó a Jesús de entre los muertos; pero no siendo esto suficiente, luego lo exaltó a lo más alto, dándole el Nombre que es sobre todo nombre, incluido el de Satanás. Finalmente todo el mundo en el cielo y en la tierra se inclinará ante Él tanto si quieren como si no. Ahora en el Reino de los Cielos, el camino hacia "arriba" es hacia "abajo."

Fue así como Dios venció al pecado, no superando la manipulación del diablo, sino destruyendo su cruel poder en la cruz. No es necesario manipular para conquistar. Simplemente entrégate a Dios. Relájate, respira hondo y sigue confiando en Dios que todo lo ve y conoce la motivación que hay detrás de todo. Él te vindicará y hará que la verdad prevalezca. Su opinión sobre ti no depende de lo que otros digan o hagan.

Sin embargo, tu factor de influencia podría ser un potente recuerdo negativo. Lo que te pasó anteriormente ante una decisión similar conlleva un fuerte impacto en cómo afrontar una elección semejante hoy. Supongamos que llevó a la pérdida de vida o la fortuna. Este pensamiento te tienta: ¿Se repetirá la historia?

Era el 21 de abril de 1836. El Álamo había caído seis semanas antes a las fuerzas de combate superiores de varios miles de hombres de Santa Anna. Todos los 183 defensores perecieron incluyendo el famoso Davy Crocket y Jim Bowie. Santa Anna no había dado cuartel alguno. Ahora ese mismo ejército acampó en un pantano infectado de mosquitos cerca de Harrisburg, Tex, llamado San Jacinto. Harrisburg era una pequeña ciudad conocida ahora como Houston. El ejército mexicano estaba matando el tiempo, esperando a los texians, bajo el General Sam Houston, una insignificante pero indignada pandilla de gentuza, para intentar algo estúpido.

Uno de los texians, era como se llamaban originalmente a los tejanos, un espía llamado "Deaf" Smith, se dio cuenta que el ejército mexicano se echaba la siesta después del almuerzo y apilaban sus rifles en el centro del campo. Los líderes del "ejército" de Texas eran en su mayoría descendientes de estadounidenses cuya cultura no adoptó la costumbre de la siesta.

Los mexicanos se retiraron a sus respectivas tiendas incluido Santa Anna que fue distraído por la visita de cierta dama en su tienda. De repente, el grito atravesó la quietud húmeda de la tarde: "¡Recordad el Álamo! ¡Recordad Goliad (otro mal recuerdo)!" Aprovechando el momento oportuno, Sam Houston y su banda entraron en el campamento mexicano arrasando los rifles y capturando a los mexicanos.

La batalla de San Jacinto terminó en 18 minutos. Santa Anna quien amaba su título, "El Napoleón del Oeste," estaba escondido en el fondo de un pozo llevando puesto un uniforme de soldado. (Esconderse en agujeros en la tierra debe ser un refugio común para dictadores en fuga). Habría eludido la captura, pero el ejército mexicano lo delató saludándole mientras pasaba por allí.

Por esto existe un Texas. La chica que distrajo a Sana Anna en su tienda es cariñosamente conocida como la auténtica, genuina "rosa amarilla de Texas." Al igual que Ester en la Biblia, la "rosa amarilla de Texas" fue una "intercesora accidental" ¡quien cambió el resultado de la guerra de 1836 por la independencia de Texas con sus encantos!*

¿Qué habría ocurrido si la banda de Sam Houston hubiera recapacitado en las cenizas de sus compatriotas todavía humeantes en la pira funeraria en el Álamo y hubiera temido a Santa Anna? ¡Si hubiesen permitido los dolorosos recuerdos de lo que sucedió allí influir su elección ese día, el mapa de Estados Unidos sería diferente! Los Estados Unidos hoy en día tendrían su frontera con México en Oklahoma y Colorado. Los recuerdos pueden influir en decisiones para bien o para mal, pero la persona valiente ignora recuerdos negativos cuando lo que él cree que es correcto está en línea. A eso se le llama "heroísmo."

¿Qué fue lo que predispuso a nuestra amiga, Darrell, ir a la tienda poniéndola en la posición para salvar las vidas de los niños en el coche? Si haces esa pregunta, comenzarás un viaje en cadena hacia atrás a Dios quien movió la primera ficha de dominó. Cada situación posterior creó una gran cantidad de opciones posibles. Finalmente esas opciones alinearon a Darrell con una necesidad de ir a la tienda y elegir ese momento para ir allí.

Pero, ¿qué sucede si haces una mala elección que resulta en trágicas consecuencias?

Capítulo 6

La Otra Levadura

Cada elección potencial producirá un resultado final diferente. Si una persona consulta con Dios antes de elegir o tomar decisiones de integridad personal, encomendando sus caminos al Señor y estando dispuesto a dejar de lado su egoísmo, los resultados serán mucho mejores que si no hubiera consultado con Dios. Dios es el influyente divino; ¿pero qué pasa si la persona no consulta con Dios ni entrega sus planes a Él y a cambio va torpemente por la vida siguiendo sus propios impulsos? Si esos impulsos son depravados y egoístas, la otra levadura de malicia y perversidad afecta al resultado. Estará "sembrando en la carne" y de la misma cosechará corrupción.

Sin embargo, como resultado directo de que Jesús se haya convertido en el intercesor entre la justicia de Dios y nuestro pecado, Él ya ha desviado Su juicio por el pecado del creyente. Aún así, Dios puede o no desviar por completo las consecuencias. El hombre descuidado y aquellos que le conocen y le aman tendrán que vivir con ellas. Dios intervendrá si se lo piden o si afecta a Su plan, pero puede que no borre el error porque no quitará el poder de elección del hombre.

Recuerdo haber visto un episodio de "Star Trek" en el cual un desventurado piloto había volado demasiado cerca de la orilla del espacio exterior y vislumbró el Enterprise. Temiendo cómo esto alteraría a la Historia el capitán Kirk dio la orden a Scotty que le transportara a bordo de la embarcación. La tripulación lo mantendría a bordo porque había visto demasiado y la información que podría contar causaría un efecto perjudicial en el futuro.

Sin embargo, después de revisar la Historia Intergaláctica on-line, Mr. Spock intervino para dar una razón el por qué era necesario devolver al piloto del jet a su lugar original en el espacio/tiempo continuo. El piloto iba a tener un hijo que se convertiría en un astronauta y que sería fundamental para el avance del programa espacial en el siglo XX. La tripulación hizo retroceder la máquina de viajar en el tiempo, devolvió al piloto y futuro padre a su avión en el instante antes de que hubiera visto la nave y se encontrara a bordo del Enterprise. Pudieron "borrar" su error de la Historia.

Todo esto es fantasía, pero Dios es eterno y muy real. Él es el principio y el fin. Entonces, ¿qué pasa cuando cometemos errores? ¿De qué van esos repentinos y horribles accidentes? ¿Los borrará Dios?

Mientras confiemos valientemente en Su naturaleza, estaremos comprometidos con Su plan aún cuando contiene eventos trágicos. Dios puede no borrarlos de la Historia, pero ejercitará Su poder para transformar los ingredientes trágicos en un triunfo como hizo con John y Reve Walsh.

¿Cuántos nos hemos dolido por la horrible tragedia que causó que John Walsh y su mujer, Reve, perdieran a su primer hijo? La Sra. Walsh llevó a su hijo de seis años, Adam, a Sears en Hollywood, Florida el 17 de Julio de 1981. Mientras esperaba en el mostrador, su hijo pidió permiso para jugar en el expositor de videojuegos a pocos metros de allí. Después de unos minutos, una guardia de seguridad bien intencionada vio el grupo de niños rodeando el expositor, y temiendo que se descontrolaran, les pidió que saliesen de la tienda. Adam, un chico obediente que respetaba la autoridad, salió de Sears a esperar a su madre en la acera. No sabía que andaba en el camino del asesino en serie Ottis Toole.

Dos semanas más tarde, los pescadores encontraron la cabeza de Adam en un canal a 120 millas de distancia. El depravado pedófilo lo había decapitado sin piedad. El cuerpo de Adam nunca fue encontrado. Pasarían veintisiete años para que los Walsh conocieran la serie de eventos que ocasionaron la pérdida de su precioso hijo, pero mientras tanto, John se puso a trabajar.

John Walsh quería evitar a otras víctimas de la misma horrible pesadilla y concederles la justicia que había eludido a la familia Walsh. Se le ocurrió la idea de poner en marcha una entidad benéfica llamada Centro Nacional para Menores Desaparecidos y Explotados (NCMEC), la cual es responsable de poner las fotos de los niños desaparecidos ante el público. Después de emitir por televisión una película sobre de Adam, la NCMEC mostró imágenes de la lista actual de niños desaparecidos. Encontraron a muchos de ellos por lo que surgió el programa de televisión

"Los Más Buscados de América." Actualmente, este programa ha ayudado a capturar a más de 1.189 criminales y traerlos ante la justicia desde que se emitió por primera vez en 1984.*

¿Traerán de vuelta a Adam todos estos esfuerzos? ¡Cómo nos gustaría que así fuera! Sin embargo, el Señor ha cambiado una tragedia en un triunfo sobre el mal. Quizás algún criminal capturado gracias a "Los Más Buscados de América" se encontró en una prisión en donde recibió a Jesucristo como su Señor y Salvador, o quizás no. Con todo, los Estados Unidos de América es más seguro porque Dios ayudó a John Walsh a tomar el ingrediente crudo de su pérdida desgarradora y convertirla en una bendición para su país. Nuestro Padre Celestial también sabe lo que es perder a un Hijo.

¿Por qué Dios no detiene a gente como Ottis Toole de hacer lo impensable? ¿Por qué no detuvo a Reve de ir a Sears? ¿Por qué no detuvo a la guardia de seguridad de dispersar a los niños delante del expositor de los videojuegos? ¿Por qué no detuvo a cualquiera de los que jugaron la más mínima parte en la cadena de decisiones que llevó a la muerte a Adam?

Tenemos muchas razones triviales que ofrecemos ante esta aparente incongruencia en el carácter de Dios. Ninguna de ellas consuela a la persona que ha experimentado la pérdida. Usar estas razones para explicar tal tragedia es como pegar un 'post-it' en el dolor de un ser querido. John y Reve Walsh preferirían tener a Adam antes que todos los honores que han recibido de todos los presidentes desde Ronald Reagan.

La única esperanza que tenemos es que un día encontraremos a nuestros seres queridos en el cielo y nos daremos cuenta de la verdad. Se les libró de una vida de más dolor y sufrimiento aquí viviendo en la perfecta presencia del amor de Dios de la cual no hay palabras humanas. Mientras tanto, Dios es capaz de tomar la tragedia que el hombre crea y a través del poder de la redención vencer el mal con el bien.

En el despertar de esta horrible tragedia creada por decisiones equivocadas, Él nos utiliza para ayudarle a redimir la situación uniendo Su poder con el poder que nos ha dado para elegir. Cuando esos dos poderes colisionan por primera vez, primero en Jesucristo y después con las primeras personas que recibieron el bautismo en el Espíritu Santo, la "mujer" había escondido la levadura en la tierra para la cual no hay antídoto. Comenzó a trabajar inmediatamente, y nadie la puede detener. Trabajará hasta que cumpla el propósito perfecto de Dios.

Tal vez un día veremos tan claramente aquello para lo que estamos tan ciegos ahora y saber lo que Dios sabe. El cielo es el lugar donde todo es perfecto, y no hay maldad para bloquear el camino de los justos. Ahora bien, si solamente lo crees, la integridad que Dios te ha dado como influencia sobre tu poder de elección colocará la levadura del Reino de los Cielos donde debe estar.

No obstante, a veces Dios parece influir en una persona para que tome decisiones aún cuando no parece estar en "sintonía" con Dios o ni siquiera creé que Él exista. Cuando Ciro, el rey persa, decidió permitir que el pueblo judío volviera a Jerusalén después de setenta años en Babilonia, él no tenía ni idea de que su interés repentino por la situación de los judíos y su deseo de liberarlos vino por influencia divina. Él abrió las puertas permitiendo a los judíos volver a su tierra después de setenta años de cautiverio.

Sin embargo, el Faraón de Egipto había reaccionado de manera diferente cuando se enfrentó a una decisión similar generaciones antes. Cuando Moisés confrontó a Faraón, Dios endureció su corazón porque estaba listo para destruir a Egipto como potencia mundial. Reiteradamente Faraón resistió a Dios trayendo diez plagas sobre Egipto. Incluso la muerte del primogénito de Faraón en la plaga final no dio como resultado su liberación permanente. Después de todo, los israelitas habían estado ahí 430 años. (¡Eso equivale al periodo de tiempo transcurrido desde los tiempos de Shakespeare hasta ahora!)

Después de que Faraón les dejó ir, se lo pensó otra vez y envió a su ejército a traerlos de vuelta. Cuando Dios separó el Mar Rojo para los israelitas y el ejército de Faraón de ahogó en él, ese evento incapacitó a Faraón, no solo de re-capturar a los hijos de Israel, sino también de entrar en guerra contra cualquier otro. Dios estaba volviendo ambos corazones a Su voluntad.

El intercesor accidental que está infectado con la levadura del Reino de los Cielos incide en los asuntos del los hombres ejerciendo la influencia de Dios en la elección humana. El Espíritu Santo no sólo es el responsable del primer lanzamiento de la misteriosa levadura que tiró el primer dominó en la creación, sino que es El que está activamente trabajando en la Historia humana actual, invisible al ojo humano en completa humildad. Él es la levadura escondida en tres medidas de harina; pasado, presente y futuro. Si es Dios el influyente divino en la reacción de una persona ante las opciones que tiene delante, Dios también puede intercalar aún la elección de alguien de no responderle y volverlo a Su voluntad. Ese es el poder de redención.

Ya he hecho alusión a otro tipo de levadura, la levadura del pecado, la cual trabaja el plan de Satanás e intenta frustrar a aquellos devotos a Dios. Jesús hablaba de la levadura de los Fariseos y de la levadura de Herodes. Este yugo de falsa espiritualidad con manipulación política infecta a cada institución del hombre, incluyendo la iglesia institucional.

Pablo dijo a los corintios que permitir que el pecado corra desenfrenado por la iglesia es como liberar una levadura indeseada en la mezcla. Desafortunadamente, mientras vivamos en esta Tierra el diablo puede tentarnos a pecar. Cuando lo consigue, segregamos el virus malévolo del pecado. Poco a poco, se extiende hasta que una lengua chismosa, por ejemplo, prende fuego a una iglesia y la "reduce a cenizas." La levadura que segregues con tu chismorreo se adelanta al poder de influencia virtuosa, robando a la iglesia de su reputación.

Todos los que pecan lo pagan caro, con la muerte. Dios ni siquiera tiene que involucrarse Cuando las cosas van mal, Dios no está juzgando. El hombre se está juzgando a sí mismo cuando cede al pecado; a pesar de que sabe que un día será ávido de su pago. Cuando alguien siembra en la carne, cosechará corrupción de la carne, no de Dios.

Yo vi al hombre que nos quitó el salario en 1976 cosechar lo que sembró. En menos de diez años después, su propio hijo cometió adulterio y perjudicó a su familia. Tuvo que dimitir de su cargo como pastor y pasar una temporada en que no tenía dinero. Era irónico que el padre le hubiese dicho a Bill, "No podría haberlo lamentado más que si le hubiese ocurrido a mi propio hijo." Era casi como si hubiera elegido su propio veneno.

¿Era el pecado del hijo un juicio de Dios contra el padre? No, el hijo lo causó al ceder a la tentación. Pagó el precio por el pecado y avergonzó a su padre también, que no había mostrado misericordia con nosotros. Si ciertamente este es el caso, que estaba cosechando lo que sembró, ¡puede que estemos todo en problemas!

No me agrada en absoluto lo ocurrido. Hubiera preferido que todos los que no están de acuerdo conmigo siguieran su propio camino y estuvieran felices y en paz conmigo. Creo que si nos arrepentimos de haber sembrado en la carne, el Señor a menudo nos librará de cosecharlo. Espero que así lo hiciera con esa familia. Mientras vivamos aquí, estaremos sujetos a las consecuencias del pecado en una creación caída, tanto los que nosotros cometemos como los que otros cometen.

Esta es otra de las razones de por qué la tragedia golpea. A raíz de que el pecado ha existido en el mundo desde el Jardín del Edén, los hombres son criaturas caídas con insuficiencias humanas y defectos. Fracasan al elegir el mejor camino porque tienen miedo, a menudo por motivos egoístas. No están listos para confiar en Dios en el camino porque no lo conocen lo suficiente o porque simplemente no quieren dejar su propio camino. Defectos son cosas como testarudez, ansiedad y tropiezos, que causan que cometamos fallos. Estos pueden tener el mismo efecto que el pecado intencionado porque no sólo causan que una persona peque contra sí mismo y contra Dios, pero provocan a otras personas a pecar también.

Pecados y desperfectos te roban de la vida maravillosa que Dios puede darte y hacer que la vida sea como Bedford Falls sin George Bailey en ella. Cada persona peca voluntariamente y sin querer. Incluso los cristianos cometen pecados y siguen teniendo defectos de este lado del cielo. Juan estaba escribiendo a cristianos cuando dijo, "y si decimos que no tenemos pecado, mentimos y la verdad no está en nosotros." (I Juan 1:8) La diferencia para el cristiano es que Dios ha escogido perdonarle y no hacerlo responsable porque Jesús se puso en la brecha y aceptó su castigo ¿Cómo es esto posible?

Quizás sepas que la palabra "anti" en anti-Cristo no solo significa "en contra," también significa "en lugar de." Si impones tu voluntad en lugar de la voluntad de Dios, segregarás la levadura de pecado, la diminuta substancia, la cual tiene el poder para obrar en contra y en lugar de Cristo y crear un anticipo del infierno en la Tierra. Tus defectos pueden crear tal caos como el que creó un conductor llamado Leopold Lojka. ¡Hizo un giro equivocado y comenzó dos guerras mundiales!

Un hombre llamado Gavrilo Princip asesinó al archiduque Ferdinand y a su esposa, la duquesa Sofhie del Imperio Austrohúngaro, el 28 de junio de 1914. Fue una de las fichas finales de dominó que colapsaron en la cadena de sucesos que condujeron a la Primera Guerra Mundial. El archiduque y su esposa habían evitado el primer intento de asesinato del día pocas horas antes. Tras su discurso, le dijo a su chofer, Leopold Lojka que lo llevara al hospital para que pudiera visitar al hombre herido al principio del día en el primer intento contra la vida del archiduque.

En el camino al hospital, el conductor tomó un giro equivocado. Dio marcha atrás y escogió una calle distinta. Esto fue un error fatal. El líder de los siete conspiradores, Gavrilo Princip estaba en esa calle. Era un joven activista serbio que estaba enardecido por el hecho de que Austria-Hungría había anexado a Serbia. Estaba parado en frente de una tienda de alimentos quitándose migas de pan de la cara, cuando el coche del archiduque se detuvo justo delante de él. Qué suerte, pensó Princip, mientras sacaba su arma y disparaba dos tiros matando instantáneamente al archiduque y a su esposa Sophie.

Este incidente dificultó el delicado equilibrio internacional causando el comienzo de la Primera Guerra Mundial. Peor aún, la derrota de Alemania en la Primera Guerra Mundial provocó a un joven llamado Adolf Hitler quien resintió como el resto de Europa había tratado a su patria después de la primera guerra. Particularmente se resintió con los judíos. Comenzó otro movimiento radical, el Partido Nacional Socialista (Nazi), en señal de protesta. Hitler se convirtió en el líder de Alemania en 1933 e invadió Polonia en 1939. El mundo ardió en llamas otra vez, y millones de personas perecieron en el infierno.

¿Cuántas generaciones fueron cortadas durante esos años? ¡Ese simple giro equivocado influyó en la Historia del mundo! Así es que antes de que te traslades a cualquier otro lugar, ¡pide a Dios sabiduría! Si bien no podemos echar toda la culpa a los pies de

Leopold, podemos detenernos para considerar que ¡su contribución al mapa de los acontecimientos de las guerras del Siglo XX fue significativa!*

Otra forma de expulsar la levadura del pecado viene cuanto intentas llenar una brecha que es demasiado grande para ti. Dios tiene brechas para otras personas. Cuando un cristiano es tentado para ir más allá de su brecha, se promueve a sí mismo fuera de su ámbito de efectividad y mayor alegría. Este error puede causar un despliegue desastroso de piedras de tropiezo.

¿Es Obediencia o Algo Más?

Mi madre solía decir: "No muerdas más de lo que puedas masticar." Este viejo refrán también se aplica a quienes son "adictos" al trabajo porque no se pueden estar quietos, tienen mucha adrenalina. Estas personas se basan mayormente en dos falsos principios para tomar decisiones: "más es mejor" y "si puedo, debo hacerlo".

Si vas a bailar con Jesús, permítele que te lleve suavemente a través de los pasos delicados de tu brecha. Cuando Dios empieza a abrir una brecha ante el religioso "adicto" al trabajo, él dice: "Gracias a Dios, puedo a partir de aquí." Comienza a llevar el baile. Dentro de poco está conduciendo por sí solo y también a las personas que le ayudan a llevar el yugo. Cuando los bueyes hacen esto, se hacen daño a sí mismos y a los otros bueyes uncidos con ellos. Jesús dijo: "mi yugo es fácil y ligera mi carga." (Mateo 11:30)

Durante el avivamiento de Toronto, me encontré haciendo esto. Dios comenzó a abrir puertas para Bill y para mí para viajar por todo el mundo. Lo que empezó como parte del desarrollo del cumplimiento de nuestra palabra profética acerca de El Rio llegó a convertirse en un torrente desordenado, que finalmente empapó nuestro calendario con compromisos para hablar en conferencias. Me sentía halagada. Imagínate vivir en el anonimato en el cuerpo de Cristo por dieciocho años y de repente ser "promovida" en una cristiana "famosa".

Francamente, nunca he sido lo suficiente espiritual para discernir como elegir cuales invitaciones aceptar y cuales dejar para alguien más. ¡Me entusiasmaba con todas ellas! Por un tiempo fue divertido y fortaleció nuestros ingresos, que habían sufrido por tanto tiempo. A la vez quería "estar allí" por las pequeñas iglesias como la nuestra que habían luchado sin poder tener un orador invitado. No reconocí que demasiado de una buena cosa me podría cegar y tentarme hasta que sucumbió.

En un mes viajé a Inglaterra, vine a casa por una semana y volví a Inglaterra la siguiente. Quizás tú haces esto a menudo en tu trabajo, pero cuando tienes una congregación que atender; no es una situación muy halagadora. Al final llegó a ser demasiado para mí y me encontraba agotada bendiciendo a otros en las iglesias a las que visitaba y como 'un trapo gastado del avivamiento' (alguien tan usado, vez tras vez, como un trapo útil de la cocina, que estaba totalmente gastada y sin fuerzas ni belleza, aunque hubiera sido usado para bien). Cuando volvía a casa. Me sentía como un hámster en una cinta de correr y me encontraba resoplando cada vez que subía a bordo de un avión. Podía escuchar el refrán sabio de mi madre, "¡estás mordiendo más de lo que puedes masticar!" Me pregunto si ella sabía algo sobre mí que yo desconocía.

El Señor predijo este tiempo, pero también nos dijo que sería temporal. Era difícil creer, en medio de ese aluvión de tal emoción, que un día se apagaría. Los de nuestra congregación fueron pacientes por una temporada, porque ellos firmaron y eran voluntariamente parte de la 'tripulación' con nosotros. Los que estaban en la brecha que habíamos dejado vacante, ya estaban perdiendo la cabeza y fuera de la brecha que Dios les había asignado intentando llenar la nuestra. Resultó ser una tentación demasiado grande para ellos. Al menos uno de ellos estaba pasando por una grave crisis familiar al mismo tiempo intentando "cuidar el fuerte" por nosotros. Algo estaba mal.

En la primera reunión de oración a la que asistí en las reuniones de renovación en Toronto en 1995, recuerdo haber estado en oración solo escuchando a Dios cuando vi un cuadro en mi mente de mi misma estando tumbada en el camino entre dos campos de cosecha. Una ambulancia antigua entró de prisa en escena para recogerme.

La interpretación de esa "visión" es obvia---mirando atrás. El avivamiento me agotaría al punto de estar divida entre dos campos de cosecha: el de "afuera" y el de "casa." El campo de cosecha de "afuera" fue glamuroso al principio. Me encantaba hablar en otros lugares, quedarme en buenos hoteles en el extranjero, conocer todo tipo de gente interesante. No obstante, cuando llegué al punto de no poder decir no. Dios permitió una 'ambulancia antigua,' una división de la iglesia para traerme de vuelta a mi brecha. Fue horrible y una de las lecciones más dolorosas que he tenido que aprender. Amistades genuinas que estimaba de repente desaparecieron, y lo siento mucho.

Todos los que tomaron parte en ello han tenido que enfrentar su propio pecado y sus consecuencias. Yo contribuí al desastre al suponer que Dios me "necesitaba" en todos aquellos otros lugares. Aprendí que "tener más alto concepto de sí del que se debe tener" utiliza diferentes trajes. Uno de ellos es el agotado orador invitado/pastor.

Yo aprendí lo fácil que es ascenderse a sí mismo fuera de tu propio sitio de efectividad. Más no necesariamente es mejor. A menudo es mucho peor, y solo porque podrías no significa que deberías. Esto nace de una forma oculta de orgullo que substrae el combustible divino de lo que Dios ha destinado ser un yugo fácil. Me ha tomado como diez años y un derrame cerebral para retomar el contacto con lo que es verdaderamente importante.

Un Golpe de Suerte

El 17 de febrero de 2009, cuando desperté, mi lado derecho estaba muerto. No podía hablar y mi mano derecha colgaba sin vida. No sentía mi pierna derecha. En un instante perdí la habilidad de hablar y escribir. Luché para levantarme de la cama. Aún en mi confusión hice la cama como mi madre siempre me dijo que hiciera cuando era niña. Me arrastré por mi lado derecho hacia la planta baja de la casa momentos antes de que mi marido se fuera. Si no hubiera conseguido llegar abajo para llamar su atención antes de que él saliera de casa. El daño probablemente habría sido permanente. En cinco minutos llegó la ambulancia y me sacaron de casa en una camilla, pies primero.

En cuestión de minutos, probablemente antes de llegar al hospital y porque mi hija Sarah envió un mensaje en Facebook, amigos por todo el mundo se enteraron de lo que me había sucedido. Empezaron a orar. Yo no tenía tiempo para "confesar y poseer" o intentar averiguar qué "pecado" había causado este "juicio." En la ambulancia, me acordé que según las palabras proféticas de Dios sobre mi vida tenía más por qué vivir. No había acabado mi carrera. Recuerdo haber dicho al Señor que si Él había decidido no cumplir las profecías sobre mí, no tenía por qué, pero estaría sumamente agradecida si lo hiciera.

Eso fue el martes por la mañana y para el viernes había recuperado la sensación en mi lado derecho al punto que literalmente caminaba, no cojeaba, cuando salía del hospital. Mi neurólogo dijo en broma: "¡Fuera de mi hospital y no vuelvas!" Después me dijo que él no había hecho nada para ayudarme; solo me observó como mejoraba más de prisa que los otros pacientes que había tenido.

Todavía me sentía aturdida, pero solo era el principio. Durante los diez meses siguientes, sufrí una depresión y un trastorno por estrés postraumático. El haber estado a punto de morir te deja pensando si volverá a suceder y si será hoy. No sabía si hacer planes para el futuro. A lo mejor no estaré aquí.

Cuando Ezequías se encontraba en la misma posición, volvió su rostro hacia la pared. La mía tenía una televisión. Me encontré absorbida en las últimas noticias y viendo reality-shows de crimen. Me tomaba tres siestas al día y me sentaba en la misma silla. Me preguntaba si Dios había terminado conmigo aquí.

En diciembre, el neurólogo me declaró completamente sanada. Por la gracia de Dios, había recuperado todo lo que había perdido esa mañana de febrero. Dios me sanó de la hemorragia cerebral, pero Él también me había cambiado. Ahora sé cómo un evento drástico repentino podría afectar mi vida. Todo podría haber terminado en un instante-hoy.

Desde entonces Dios me ha redefinido cambiando mi tarea. Dios me tiene cuidando de mis nietos, amando y sirviendo a la gente de nuestra congregación, cosiendo y haciendo edredones y encontrándome con personas "accidentalmente." Estoy ocupada interfiriendo en circunstancias donde me encuentro. No estoy segura de si tengo algo más que decir a una congregación. Y si lo tengo, tal vez voy a escribir un libro y publicarlo en internet. Cuando finalmente le dije a Dios que estaba dispuesta a abrazar mi sitio fuera del protagonismo cristiano, descubrí lo fácil y maravillosa que es la tarea que Dios me había dado.

Durante este periodo aprendí otra valiosa lección: mantener la "fama" cristiana es una búsqueda frívola. Los cristianos no quieren admitir a sí mismos que es parte del juego, pero ¿cuánto tiempo y dinero estas dispuesto a perder para mantener tu nombre delante de la gente para que seas invitado a participar en la siguiente conferencia? ¿Después de todo, es tu nombre el que la gente necesita recordar?

Fama es la falsificación del diablo a la capacidad del Señor para levantarte. La fama tiene muy poco impacto en el Reino de los Cielos. ¿Ha tenido realmente un impacto positivo en tu vida el escuchar a celebridades en programas de tertulias? ¿Tanto te ha cambiado el último sermón que has escuchado en una conferencia? Las personas que han tenido la mayor influencia en mi vida han sido la gente que me ama lo suficiente para "estar ahí" por mí. Es el amor, la influencia más poderosa, no la fama.

Ser "levantado" puede que no implique algún tipo de notoriedad. Ser "levantado" tal vez sea vivir la vida en amor con Jesús y estar en paz con eso. El verdadero siervo de Dios necesita flexibilidad para poder servir al propósito de Dios en todo momento. Lo que Dios quiere y necesita es lo que importa, no quien lo sabe.

Si Dios te levanta, no necesita ayuda para mantenerte "arriba." He decidido olvidarme de haber estado algún día "arriba," ¡mantenerme abajo y luego ('I double dog dare') "con audacia desafío reiteradamente a Dios" para que me levante! ¿Después de todo, por qué necesitamos estar arriba? ¡Por qué no caminar con Jesús en el momento presente y olvidarse acerca de tu lugar en el tótem cristiano---o para el caso cualquier otro tótem!

Un buen panadero permite que la masa suba dos veces. Una vez que ha subido la primera vez, la destapa y con sus puños la presiona para expulsar el aire que queda en ella. La tapa de nuevo y la pone en un recipiente en un lugar cálido y oscuro para dejarle que suba de nuevo antes de que esté lista para el horno. Allí es donde he estado por lo últimos ocho años: en la lavandería con un trapo de cocina sobre mi recipiente. Si hay una próxima vez, tal vez seré lo suficientemente sabia para no permitir que el monstruo religioso me atrape de nuevo. Si no hay una próxima vez voy a seguir cosiendo mi edredón y ser feliz.

El Peligro de la Misión Incorrecta

No hay recompensa en el cielo por haber cumplido la misión incorrecta. Finalizar la misión incorrecta puede tenerte distraído de lo que es importante para Dios ahora. Es una de las tentaciones comunes del diablo. ¿Puedes ver cómo apartar la vista del presente por el pasado o lo que pueda suceder en el futuro puede frustrar cómo Dios quiere usarte hoy? ¿Qué pasa si descubres en la eternidad que aquellos a quienes Dios quería que tú ejercieras Su influencia estuvieran el camino que habías abandonado para ir en busca de tu propia agenda? ¿Están tus carencias distrayéndote de tu brecha presente?

Generalmente las personas comienzan la misión incorrecta porque tienen motivos retorcidos. La mezcla de buenas intenciones con el deseo de sentirse prestigiosos o incluso solo útiles contamina motivos puros. Desear dinero aún si es solo "suficiente" dinero también puede contaminar un motivo. A veces los cristianos más leales ocultan estos motivos incluso de ellos mismos bajo una hoja de parra con la etiqueta "Voluntad de Dios."

¿Es Visión o Ambición?

La ambición no es visión, pero si influye en lo que pasa más a menudo de lo que queremos aceptar. La ambición fue la caída de Satanás. Búsquedas ambiciosas poseen el poder para desafiar el sencillo plan de Dios y complicarlo. Tú puedes notar la diferencia porque puedes lograr una ambición en tu propia fuerza con una interminable provisión de "mano de obra esclava." Con el fin de lograr una ambición, empezarás suponiendo que es la voluntad de Dios. Luego tendrás que pisotear a la gente usándoles y descartándoles para completar el proyecto como los faraones de Egipto hicieron cuando estaban construyendo las pirámides.

Algunos líderes cristianos ambiciosos enseñarán acerca del perdón o sumisión a la autoridad. Esto intimida al obrero cristiano sincero permitiendo al líder sujetar a los "esclavos" a seguir cumpliendo sus órdenes. Deben siempre perdonarle por pisotearles. Deberían ser fieles al Señor y a la "visión" cuando los mantiene empleados en dificultades financieras mientras que él disfruta de su trono en la cima y continúa su conducta sociópata. Con razón Jesús no quería que sus líderes dominaran sobre el rebaño.

Cada vez que conduciendo paso por una iglesia pequeña, me pregunto acerca de su pastor y de cómo Dios ve su fiel servicio. Muchos pastores de congregaciones como estas son servidores, líderes probados que honran a Jesucristo ayudando y siendo de inspiración para quienes los observan. No conoceremos sus nombres hasta que Jesús recompense abiertamente en el cielo sus actos de servicio secreto. Tienen una visión acertada, que les permite ver como Jesús ve. El líder servidor es humilde, poniendo el bienestar del rebaño y su crecimiento espiritual por encima del deseo por riquezas o prestigio. El verdadero servidor se preocupa más por ver el fruto del Espíritu Santo desarrollarse en los que están bajo su cuidado que en proyectos que fortalecen su prestigio. En el cielo, estaremos sorprendidos al ver cuántos líderes genuinos sirvieron tranquilamente sin la promesa de algún tipo de recompensa o la preocupación por sí mismos.

¡Qué trágico es trabajar duro para levantar una reputación, acumular una fortuna y perder tu propia alma-o tu propia familia! ¡Qué trágico para un líder cristiano no tener recompensa en el cielo porque no quiso darse cuenta que había estado sirviendo su propia agenda por motivos egoístas mientras tanto distraído de un propósito eterno más importante pero menos atractivo humanamente!

Su vida estaba llena de cumplidos inertes que Dios no empezó y no honrará en el cielo, porque él no pudo aceptar su sitio. En cambio, cree estar destinado a "cosas más altas" que su actual lugar de servicio. Su búsqueda impulsa fuera de un lugar tranquilo a obreros cristianos a su alrededor. Trabajando en sus logros inertes los distrae de sus auténticas brechas bajo la apariencia de hacer un impacto con un "cristianismo más grande" o dejar su huella en el cuerpo de Cristo.

¿Qué pasa si un cristiano esforzado piensa que su agenda está teniendo un impacto mucho mayor, mientras que el cristiano sencillo dedicado a amar a Dios, a su familia y amigos logra mucho más en la economía eterna? Quizás no seas el que va a evangelizar al mundo, pero tal vez seas quien cambie el pañal de quien lo hará. Puede no haber recompensa en la tierra para ello, pero espera hasta que llegues al cielo. Los valores ahí son lo opuesto que los valores en la tierra. En el Reino de los Cielos, el que va a la batalla y el que "queda con el bagaje" comparten de igual manera la recompensa. (I Samuel 30:24 RV)

Nuestro amigo Warren Marcus, ha servido a varios líderes cristianos reconocidos que tienen ministerios televisivos. Uno de ellos era Jerry Falwell, él y los otros líderes evangélicos fueron parte del movimiento carismático. Me sorprendió saber que su favorito era Jerry Falwell. ¿Por qué? Jerry lo trató con respeto y lo honró con una amistad genuina haciendo todo lo posible para servirle. Un día Jerry Falwell abordó su propio avión para volar a New Jersey solo para visitar al padre de Warren que estaba gravemente enfermo al borde de la muerte. Usó su influencia para llevar a Jesús al padre de Warren, que era judío. Cinco días después, su padre pasó a la eternidad.

Si alguna vez Dios te pone en un lugar de influencia, recuerda siempre que eres un servidor, no un rey. Los líderes que creen que son "reyes" son engañados por ello y son poseídos de un espíritu anti-Cristo que trae reproche sobre el Señor Jesucristo. (Recuerda que en el griego, "anti" no solo significa "en contra," sino que también significa "en lugar de.") Ese espíritu le inspira a imponer su agenda humana en lugar del plan de Dios a costa de los sacrificios de los demás. ¿Podría el nombre de ese espíritu ser Satanás?

Trabajar en la misión equivocada es tan común que ha cambiado la manera que el cuerpo de Cristo aprecia lo que vale la pena. Si estás esforzándote desesperadamente por más y más, enseñarás a otros a hacer lo mismo. ¿Qué si la misión que consideras inferior a ti, era un vínculo mucho más importante en el proyecto eterno que entronizarte en lo más alto de la escala y fuera de la brecha de Dios para ti? Tal vez le tome a un ambicioso líder cristiano toda la eternidad para adaptarse al choque cultural del cielo. Se toma fe genuina o un-derrame cerebral- para parar y volver a depender de Dios otra vez.

Por favor, se honesto contigo mismo mientras puedas, antes de perder tu recompensa en el cielo. Si tus ocupaciones te inducen a infringir los valores del Reino, deja de ayudar a la causa del diablo, da la vuelta y vuelve a casa con Jesús. Abraza la misión humilde y poco atractiva. Recogerás un galardón glorioso en el cielo. "...Tu Padre que ve en secreto, Él te recompensará en público." (Mateo 6:4 RV)

Cambiar el mundo puede que no sea tu misión, pero cambiar el mundo que te rodea lo es. Mientras que "vivas" pacientemente solo tomando tus decisiones cotidianas bajo influencia divina, infectadas con la levadura del Reino de los Cielos, provocarás un choque divino espontáneamente-o "accidentalmente."

¿Puede Dios usar Malas Elecciones?

Dios es aún capaz de tomar elecciones malas y trágicas y permitir que bueno surja de ellas. Este es el poder de redención. Cuando Dios creó al mundo, lo hizo hablando al caos. ¡Si Dios puede crear orden de un espacio vacío y sin forma, Él puede tomar cualquier cosa y usarla para Su bien y el tuyo! Pablo dijo que si amas a Dios, Él "permite que todas las cosas obren para bien..." (Romanos 8:28) Mi esposo dice que en el griego, todo significa "todo." Si algo estuviera exento de esto. Dios no sería Dios.

Dios puede redimir a algunos de los peores criminales y usarles para Su gloria. Bill y yo somos amigos con algunos miembros del cuerpo de Cristo que están en prisión-no de los que están sufriendo por su fe-¡Estoy hablando de los que legítimamente se han ganado el derecho de estar allí! Algunos de ellos han sido institucionalizados por más de treinta años. Lo crímenes que han cometido incluyen asesinato, violación, atraco a mano armada y abuso de menores. Muchos de los compañeros que conocemos allí nunca saldrán de la prisión. De hecho, tal vez no podrían ahora funcionar en sociedad porque están tan acostumbrados a la prisión que serían incapaces de llevar una vida a la que llamamos "normal." Debido a lo que han hecho, tal vez nunca deban salir.

Uno de nuestros amigos, Ed, tuvo una infancia difícil y un periodo en la Marina antes de cometer los horribles crímenes que le dieron la entrada a su celda. Él los admite totalmente y lamenta profundamente, únicamente deseando poder retroceder el reloj y volver a vivir esos momentos, como lo haría ahora como un cristiano. Ed recibió a Jesús tras las rejas. Se ha convertido en un líder tranquilo en todas las instalaciones donde ha vivido.

Si tú lo vieras ahora, no creerías que cometió esos horribles crímenes. Él es una obra en proceso y ha tenido sus adversidades en prisión, pero esos son pitidos en una subida constante por encima del daño de la oscuridad del pecado. Él está tratando con los problemas que le llevaron allí.

Los acontecimientos de la infancia de Ed lo dejaron huérfano y sin nadie que lo afirmara. Uno de sus recuerdos más importantes fue un 'touchdown' (es un gol en futbol americano) que hizo en la escuela secundaria. No había nadie ahí para animarlo. En 1997, Ed comenzó a pasar tiempo con el Señor, pidiéndole a Dios que le revelara su amor por él. Durante estos tiempos Ed comenzó a "empaparse" en el amor de Dios. Esto empezó a cambiarlo. Empezó a instar a otros reclusos a hacer lo mismo.

Un día mientras que estaba sumergido en el amor de Dios, el Señor trajo a su memoria aquel touchdown. Dios le dijo, "Yo estaba allí animándote."

Ed se derritió cuando se dio cuenta que Dios era su Padre y que Su mano había estado sobre él todo su vida. Él sabe que su propio pecado lo llevó a prisión. Llegó a ser una maldición para la sociedad por un tiempo; pero es Dios quien le hace ser una bendición en la brecha donde él está ahora.

La brecha de Ed es una prisión de máxima seguridad. No era la brecha que él había imaginado cuando se le preguntó siendo niño, ¿qué te gustaría ser cuando seas mayor? Preferiría no estar allí ahora, pero lo ha aceptado. Necesitaba aceptarlo ya que su víctima está fielmente en contacto con la junta de libertad condicional cada vez que le corresponde la libertad condicional para asegurarse de que se queda en prisión. En la mente de la víctima, Ed no merece la libertad condicional.

Todos los que han trabajado en la cárcel saben que estar ahí añade un nuevo significado a la palabra, "legalismo." La más mínima infracción de las reglas percibida se paga con un alto precio negándote cualquier "privilegio" tal como asistir a la iglesia allí. Entre los guardias profesionales que sirven con valentía están aquellos sin escrúpulos, santurrones que buscan un placer sádico atormentando de más a los reclusos y robándoles de cualquier respiro de su dura experiencia. Incluso castigan a las personas que están allí para bendecir a los internos restringiéndoles duramente y prohibiéndoles cualquier cosa que pudiera ayudarles. Con muy pocas excepciones, la única gracia que puedes encontrar en prisión es en los reclusos cristianos y, en ocasiones, los guardias que conocen a Jesús.

Ed dirige reuniones cristianas en prisión y organiza a los reclusos en grupos donde los hombres pasan tiempo solo "empapándose" en el amor de Dios. Experimentando el amor de Dios ha revolucionado a los hombres que han llegado a ser parte de estos grupos. Ed ha conectado a muchos de ellos con Jesús. A muchos de ellos Ed ha infectado como Dan, otro de nuestros amigos, están ahora extendiendo el amor del Padre por todo el sistema penitenciario a otras instalaciones donde han comenzado grupos como éste. Ed está liberando la levadura del Reino de los Cielos en la prisión. Dios ha estado con Ed en cada momento y Él tiene los cabellos de su cabeza contados también. ¡No es maravilloso que la sangre de Jesucristo sea tan poderosa!

Al final, ¿triunfará el mal sobre el bien? La respuesta es "no." La mala levadura no es tan potente para superar la masa. Jesús nos dijo que venciéramos el mal con el bien. Si no fuera esto posible, nos lo hubiera dicho. En cambio, Él dijo: "Tened ánimo, yo he vencido al mundo."

Capítulo 7

Amor en La Brecha

Louise Allison era parte del pequeño remanente de la floreciente iglesia que originalmente nos había invitado a Pittsburgh. El pastor anterior había destruido a la congregación que él mismo había establecido, por su falta de carácter. A los que habían quedado les era difícil confiar en nosotros después de que su anterior pastor les había traicionado. Dos años después de nuestra llegada cuando la mayoría de los miembros se habían marchado, ella se quedó.

Louise tenía el maravilloso don de animar. No intentaba dar ánimo; ella era el estímulo en sí. Si no hubiera sido por ella y otros como ella, hubiéramos abandonado. Louise debería ser canonizada. Intentaré hacer eso ahora.

Con el fin de ser canonizado por la iglesia católica, sólo tienes que obrar dos milagros. Esa cifra es demasiado baja. Louise hizo mucho más que eso. Louise evitó que abandonáramos dando ella su vida para estar con nosotros. Dios nos habló sobre nuestro valor a Él a través de la determinación de quedarse con nosotros cuando prácticamente todo el mundo salió. Louise había orado a menudo para que viniera a su congregación destrozada el pastor adecuado.

Cuando nosotros llegamos, nos aceptó y apoyó, como si hubiera recibido a Jesús. Ella fue fiel hasta su muerte.

La única intervención angelical que recuerdo haber experimentado fue estando con ella. Una noche la llevaba a casa desde la iglesia bajo una tormenta de hielo. Al llegar a un cruce puse mi pie en el freno, pero seguíamos deslizándonos. En ese momento, un peso pesado se sentó en el parachoques trasero del coche y lo detuvo. Louise y yo nos miramos una a la otra, pero ambas teníamos miedo de mirar hacia atrás.

"¿Sentiste eso?" dijo ella.

Yo no podía dejar de sentirlo.

Cuando llegamos a Pittsburgh Louise estaba en sus sesenta años de edad. En los más de diez años que la conocí, nunca la oí decir chismes o una sola palabra de juicio sobre alguien; nunca hizo comentarios negativos acerca de lo que había pasado. De hecho,

Blaine Myers dijo en su funeral: "apenas puedo pensar en una cosa negativa que decir acerca de ella. No le gustaba la mostaza."

Era fácil hablar con ella. Se mantuvo entre la basura de gente como yo que no encontraba a nadie más que escuchara sus confesiones y míseras quejas. Hablar con ella era como hablar con Dios. Solo escuchaba, no para recoger información; ella te quería y de alguna manera te entendía. Ni siquiera te importaba cuando no te ofrecía algún consejo o incluso que no estuviera de acuerdo contigo.

Era fácil estar con Louise porque no tenía una agenda. Tal vez por eso no criticaba. No estaba buscando nada y te recibía tal como eras.

Louise tuvo más de una oportunidad para amargarse. Una semana antes de su boda, su prometido murió en un accidente de tráfico. Después de eso nunca se casó. Trabajó por más de treinta años en la panadería de unos grandes almacenes en el centro de la ciudad en Pittsburgh. Fue una de las empleadas más fieles, pero poco antes de que se jubilara, la despidieron para que no tuvieran que pagar su pensión. Ni una sola vez la escuchamos hablar acerca de esto. Ni los ojos de Louise ni su sonrisa contenían amargura. Tampoco tenía miedo de lo que pudiera sucederle.

Louise no murió de una muerte agradable; tenía cáncer en el hígado. Había decidido no recibir la quimioterapia. Nunca se quejó. Una pareja de nuestra congregación la tuvo en su casa hasta el momento de llevarla al hospital. Cuando se acerco el momento de su muerte, nuestra congregación se reunió alrededor de su cama para cantar con ella sus himnos favoritos. Fue como si la hubiésemos colocado en una barca pequeña y dejarla flotar hacia el otro lado. Ocho años después de que Louise murió me encontré con una de sus amigas en una tienda. Cuando empezamos a hablar acerca de ella, las dos lloramos.

Si lo que haces significa algo para Dios, pondrá a alguien como Louise para estar a tu lado en tu brecha. La presencia de Louise nos ayudó a seguir adelante. Mi esposo, Bill, considera un honor el que Dios lo eligiera para ser el último pastor de Louise aquí en la tierra.

Si Jesús nos dio el mandamiento, "Amaos los unos a los otros, como yo os he amado;" ¿podría ser que el amor es la esencia que llena cada brecha y establece el puente hacia la vida eterna? Si tu definición de espiritualidad incluye cualquier cosa menos amor, te estás equivocando. Dios no solo tiene amor; Él es amor. Nada de lo que Él hace es copia de otro modelo, sino de Su naturaleza, la cual es el amor verdadero. Sus sentimientos son amor, Sus obras son actos de amor, y Su eterno juicio final es amor también. No tenemos el privilegio de definir el amor con otra cosa que no sea lo que Dios es. ¿Qué aspecto tiene? Jesús. Él es la "representación exacta de Su naturaleza." (Hebreos 1:1 RV) ¡Jesús es el verdadero Dios en carne y hueso!

Es una lástima que el inglés tenga solamente una palabra para el amor. Generalmente la usamos para describir tus sentimientos internos derritiéndose cuando ves a tu verdadero amor pasar por la puerta. Es fácil para los que hablan inglés malinterpretar cómo es Dios debido a que la misma palabra para expresar cómo te sientes acerca de Jesús muriendo en la cruz por tus pecados es la misma que usas para describir cómo te sientes acerca de tu comida favorita o tu nuevo coche. Créeme, no es el mismo "amor." No es de extrañar que muchos matrimonios fracasen. No están fundamentados en cómo Dios ama.

La respuesta a preguntas como, "¿Si Dios es amor, por qué existe el mal en el mundo?" es la misma que la respuesta a mi pregunta, "¿Por qué Dios no contestó a nuestras oraciones por una iglesia más grande?" La respuesta es, "porque me ama." Dios no está preocupado por el cumplimiento de cada deseo. Él está más preocupado en llevar a cabo Su buena voluntad. Tal vez nuestros folletos para evangelizar deberían llevar la siguiente etiqueta. *¡Advertencia! Dios a veces sacrifica felicidad temporal por el gozo eterno.* De hecho, a Él le parece pensar que vivir en el eterno Reino de los Cielos es mucho mejor que vivir aquí.

A veces Dios hace cosas que parecen ser injustas o incluso malas para nuestro criterio. Él permite que sucedan accidentes y que hombres malos prevalezcan por un tiempo sin interponerse. Él permite la pobreza y a veces se yuxtapone a la riqueza. Él obra a pesar de las malas decisiones de los hombres y aún así los usará como materia prima para cumplir Su perfecta voluntad.

Creyendo esto lo suficiente para vivirlo significará que tú cedes el control total de tu vida a Dios, aún cuando no entiendes Su razonamiento. Él no prometió que iba a ser fácil; Él dijo que estaría allí contigo.

Pablo dijo que la gente vive donde vive para "que los hombres puedan acercarse a Él y tocarle." (Hechos 17:27 RV) Aún si vivimos en un lugar lejano y en pobreza, Dios te tiene ahí donde estás para que puedas tocarlo. Él está en todo lugar y no está condicionado por expectativas humanas. Cuando encontremos a nuestros hermanos y hermanas en el cielo, nos asombraremos de cómo cada uno de ellos se acercó a Dios desde todo tipo de circunstancias y encontraron Su mano grande. Mientras tanto, los que estamos mejor aquí podemos extender la mano para llenar brechas de necesidad con los recursos que tenemos para mejorar las condiciones de vida y predicarles el evangelio. Si fuera necesario, como San Francisco de Asís dijo: "podemos incluso usar pablaras."

Para poder llegar a ser un defensor en la brecha, tienes que fusionarte en la brecha misma para que no haya más diferencia entre el relleno limpio y el terreno que lo rodea. Perderás tu vida y tu agenda por la Suya. Esto significa que vas a ser ignorado, sobre todo por los soberbios, ingratos y que no tienen discernimiento. En el sistema eterno, esto no importa porque Dios que toma nota de la caída del gorrión puede verte en la brecha y honrará tu sacrificio.

¡Solo ruego para que no llegue al "aparcamiento" del cielo y reconozca, a través de mis prismáticos, allí en "primera fila," a alguien a quien rocé al pasar en esta vida, porque llevaba demasiada prisa por cumplir con mi agenda y no me di cuenta de los sacrificios que él o ella estaban haciendo a favor mío y en nombre de Su Reino!

El Dr. George W. Truett fue el pastor de La Primera Iglesia Bautista en Dallas, una iglesia de más de 20.000 miembros, y ocupó ese púlpito desde 1897 hasta su muerte en 1944. Fue un pastor famoso y altamente respetado; y era humilde. Durante una convención, todos los pastores se hospedaron en el mismo hotel. En aquel tiempo, era costumbre dejar los zapatos fuera de la habitación si necesitabas que el empleado del hotel los limpiara. Una mañana temprano, un empleado del hotel pasaba por los pasillos y descubrió al Dr. Truett, entonces Presidente de la Convención Bautista del Sur de varios millones de miembros, en el suelo de rodillas discretamente limpiando los zapatos de los pastores rurales.

El empleado del hotel estaba avergonzado y dijo: "¿Dr. Truett, qué está haciendo?" insinuando que esto era inferior a su posición. Dr. Truett le contestó: "Estoy lavando los pies de los santos."

Se corrió la voz acerca de este incidente, pero no por boca del Dr. Truett.

Cuando estés tentado a considerar a alguien como inferior o algún trabajo como indigno de tu atención, recuerda que Dios puede tener mayor recompensa en el cielo, para el servidor clandestino y dispuesto, que para ti.

Amor Disfrazado como una Comida

No es posible ser "espiritual" sin amor. Esta es la verdadera prueba de si un acto es o no el fruto del Espíritu Santo. Si amas como Jesús lo hace, inspirarás y animarás a costo tuyo; fluirá de ti como un río. El ánimo es vital para los servidores clandestinos de Jesús. Lo que ellos necesitan es afirmación de parte de Dios, no adulación manipuladora del hombre.

La única gente que Jesús siempre criticó fueron aquellos quienes tenían una forma de religión, pero no podían amar porque presentaron a Dios como un amo muy exigente en lugar del Padre amoroso y consolador que realmente es. ¿Es el amor el motivo detrás de todo lo que haces?

Un día, Me quedé con mi madre para que mi hermana pudiera tomarse unas vacaciones que tanto necesitaba. No supe hasta entonces los sacrificios que mi hermana, Danna Kay, hacía por cuidar de ella. Para entonces, la salud de mi madre se había deteriorado al punto de necesitar ayuda para llevar a cabo tareas que antes podía hacer con agilidad. A pesar de que en su mente seguía plenamente consciente, era difícil cuidar de ella. Había pasado el día ayudándole a bañarse, luchando a través de la habitación cambiando sus vendas. Cuando se acomodó finalmente para su siesta de la tarde, yo me dejé caer en el sofá.

Ni siquiera tenía ganas de hacer la cena, pero pronto sería el momento de servirle la cena a mi madre. Es crucial para personas diabéticas que toman insulina comer a su hora. Suspiré en voz alta, "¡Oh no, que voy a hacer de cenar!"

Casi de inmediato, sonó el timbre. ¡Era Dorothy Jane Neal, una mujer de la iglesia que traía la cena, un frasco grande con sopa de espárragos!

Me reí entre dientes. Dios sabía que en realidad no necesitaba una palabra de profecía en ese mismo momento. ¡Lo que yo necesitaba era una buen guiso bautista a la "cazuela"! (Es costumbre particularmente en el sur de los Estados Unidos, que las mujeres de la iglesia lleven comida preparada y otros alimentos a los que están enfermos y pasándolo mal.)

La Sra. Neal no sabía que la idea de preparar la sopa de espárragos y traer un poco a mi madre era profética, pero fue una respuesta directa e inmediata a la oración que había hecho DESPUÉS de que la Sra. Neal había ya preparado la sopa. Antes de que yo llamara, Dios ya había contestado.

El momento de la llegada de la sopa suscita una pregunta, "¿Pueden todos los dones del Espíritu Santo ser administrados de esta manera?" La respuesta es sí, si operan a través del amor. Dorothy Jane no estaba intentando profetizar. No tenía que aclararse la garganta y declarar, "sí, sí, heee, aquiii, así dice el Señor: '¡Haz una comida' para Merle!" Simplemente ella amaba a mi madre y pensó que sería una buena idea llevarle algo para comer. Que resultó ser profético fue puramente "accidental"-¿o no? ¡No lo sé, pero estaba muy buena!

Una vez que hayas aceptado tu brecha, Dios te ayudará a adaptarte a y a amar a la gente en ella. El amor es la motivación que Dios recompensa en el cielo y la motivación detrás de cada ejercicio de los dones del Espíritu Santo. El amor toma los dones del Espíritu Santo fuera del dominio incómodo del control humano y los lleva a la fluidez de la administración divina.

¡Todos los hechos del Espíritu Santo fusionan el poder sobrenatural de Dios en el ámbito natural convirtiendo las tareas pesadas en regocijo! Uno de Sus mayores placeres es sorprender a los actores en el escenario con Sus intervenciones milagrosas. No estoy segura de que Dios tenía la intención de desplegar los dones del Espíritu Santo principalmente en "espectáculos" cristianaos. Creo que Dios los diseñó para mostrarse más a menudo como la extensión sobrenatural a las manos de personas cristianas que se sienten incapaces cada día para extender el amor de Dios contra el daño causado por los golpes desalentadores de la vida.

Yo dudo que el Padre Celestial precediera cada uno de los milagros de Jesús por un repique de tambores y una nube de humo. Probablemente parecieron normales porque eso es lo que la vida normal es, en el sobrenatural Reino de los Cielos. Si no hubieses estado prestando atención, podrías habértelos perdido porque no fueron destinados para divertir o incluso llamar la atención sobre los propios milagros, su propósito era ayudar a la gente a servir a los demás cuando lo "normal" no era suficiente para cerrar la brecha. Si tu puedes ver un milagro, Él está abriendo tus ojos para hacerte saber, "Yo estoy aquí; no te preocupes. Yo te ayudaré."

Un día una mujer entró en nuestra congregación mientras que estábamos merodeando esperando que empezara el "espectáculo." Venía apresurada desde Pensilvania a uno de los hospitales en Oakland, uno de los condados de Pittsburgh. Su sobrino estaba críticamente enfermo y a punto de morir, y había sido llamada para estar al lado de su cama porque probablemente no iba a durar mucho. De alguna manera había escuchado de nuestra congregación y el avivamiento que estábamos experimentando y se dirigió hacia aquí. Nos pidió que orásemos, y lo hicimos. Ella se marchó y nosotros seguimos con el espectáculo, ejem…reunión. Después ella envió un e-mail.

Cuando llegó al hospital y entró en la habitación de su sobrino, él estaba sentado en la cama, completamente sanado. No hubo repique de tambores para crear suspense o rayos de luz para llamar la atención. Antes de que ella llegara al hospital, él tranquilamente volvió de un estado semiinconsciente.

Para Dios hacer esto fue algo "normal." No fue la noticia destacada del telediario de las seis de la tarde de KDKA, y Dios no escogió sanar a todos en el mismo hospital por razones que solamente Él sabe. Sencillamente sanó al joven porque Él así lo quiso.

Los dones del Espíritu Santo son parte de esa levadura invisible del Reino de los Cielos, operaciones especiales en el conflicto del bien y el mal. Dios está totalmente cómodo llevando a cabo Sus señales y prodigios ante una audiencia de no más de una persona.

Un ministerio genuino no necesita tarjeta de presentación o un certificado de ordenación para poder funcionar. Ministerio es lo que fluye de un cristiano que ama a la gente a su alrededor. A Dios le encanta que Sus milagros sean sorpresas, y le gusta esconder Sus sorpresas, como un padre persiguiendo a sus pequeños para abrazarlos, Él es el 'Divine Kissy Monster' (Divino Monstruo Besucón) al asecho de Su próxima comida. Sus "víctimas" tal vez no se den cuenta del peligro en el que están de ser capturados por su Padre que está en el cielo y ser colmados de besos hasta que es demasiado tarde.

Así en ese espíritu de asecho a los hijos de Dios, ¿hay algo que yo pueda hacer para cerrar las brechas entre Dios y Sus hijos?

Capítulo 8
Testificando en la Brecha

Tenía unos ocho años de edad cuando me convertí y fueron los bautistas los que me dieron mi primera tarea. Recuerdo un predicador decir con una voz "temblorosa," "¿Qué vas a hacer cuando llegues al trono de Dios y no tengas almas que poner ante Sus pies?"

Recuerdo haber pensado, ¡oh no! No tengo a nadie. Necesito encontrar a alguien. Mi búsqueda por almas comenzó. El problema era que no encontraba a nadie. No quiere decir que no había nadie- solo que yo no los encontraba. Había muchas chicas y chicos malos en el colegio, pero para ellos yo era una mojigata, lo que me hizo incapaz de influir en ellos por Cristo. Pensaban que llevaba una vida protegida. "No bebía, ni fumaba ni maldecía, y ni siquiera iba con chicos que lo hacían o lo habrían hecho."

Yo crecí durante la época de las Cruzadas de Billy Graham. Si no podías hacer la oración con suficientes almas, tú necesitabas llevar a tus amigos no creyentes a una Cruzada de Billy Graham. En ellas, la convicción del Espíritu Santo era poderosa. La obstinación de tu amigo no creyente probablemente se vendría abajo allí. Intenté reunir gente, pero creo que no funcionó. Me pasé mi infancia y adolescencia sin haber tenido ni un alma para llevar a los pies de Jesús.

En los años 70, cuando recibí el bautismo del Espíritu Santo pensé que seguramente esto haría una diferencia en el recuento de almas. Un día, mi amiga Mary Brown y yo decidimos ir a testificar de puerta en puerta para incrementar la cuenta. ¿Por qué deberían solo los mormones y los Testigos de Jehová recoger la cosecha tras las puertas cerradas en mi barrio?

Mary Ann y yo dimos un repaso a las técnicas obtenidas en gran parte de todo lo que habíamos aprendido en Evangelismo Explosivo, técnicas sobre cómo testificar que se predicaban desde el púlpito en la Iglesia Bautista. Nos pusimos nuestras faldas largas, llevamos nuestras Biblias balanceándolas bajo el brazo y empezamos la búsqueda de víctimas que hacían cosas el sábado por la tarde como lavar sus coches y ver TV.

Mis nervios estaban a flor de piel cuando entré en cada porche. ¿Quién estaba detrás de la puerta y cómo reaccionarían? Me tragué mis reservas y me armé de valor llamando. Luchaba con el temor de hombre, que se manifestaba en la esperanza nostálgica que nadie estuviera en casa. No quería oír el sonido de los pasos acercándose a la puerta, tampoco quería que Mary Ann me viera temblando. ¿Qué pensaría ella y qué pensaría la desafortunada víctima?

No creo que nuestra cuenta de almas aumentó. Pienso que manipulamos a unos cuantos a decir "si" a todas nuestra preguntas permitiéndonos hacer una oración aprendida con ellos. Nos emocionábamos mientras ellos cerraban la puerta y volvían a sus programas favoritos de televisión. Nunca vi lo que parecía ser la más mínima evidencia de convicción en el rostro de nadie, pero al menos habíamos hecho nuestro trabajo en decirles. Ahora ya no tenían excusa alguna cuando se presentasen delante del trono de Dios. Estábamos seguras de que cuando lo harían, Dios les recordaría "¿Recuerdas a esas dos mujeres ese sábado por la tarde...?" mientras los echaría en las tinieblas.

Eso me tranquilizaba por un tiempo. Tal vez yo realmente tenía algunas almas para llevar a los pies de Jesús, ¿pero, sería el número suficiente? Me preguntaba si otros se sentían como yo y qué hacían para conseguir aumentar su cuenta de almas. Los maestros de todas las técnicas para ganar almas tenían muescas mentales en sus Biblias como los pistoleros tenían en sus armas cuando mataban a un forajido. Algunos de ellos tenían tarjetas llenas con cientos de nombres. Estas personas habían hecho la oración del pecador con ellos. Mi patética e insignificante vida no tenía ese tipo de impacto en los perdidos, pero yo sinceramente lo deseaba. Me sentí como si estuviera fallando a Jesús porque esto no se me daba muy bien. No podía "cerrar el acuerdo," y nunca nadie cayó bajo convicción de pecado al pasar yo por la calle. Estaba segura que entraría a la puertas de cielo y que necesitaba almas para merecer la aprobación de Jesús, "Bien hecho, buen siervo y fiel. No tienes tantos como Billy Graham, pero tienes una Mención de Honor."

Mi periodo como una conferenciante tampoco fue mejor. No podía hacer llamamientos al altar. Una vez hice todo lo que sabía hacer. Planteé la eterna pregunta, "¿Fumadores o no fumadores?" La gente se echó a reír; de nuevo no tuve almas para poner a los pies de Jesús.

Un día le pregunté a John Arnott cómo lo hacía. Él tiene una unción o talento extraordinario para conseguir que la gente responda a los llamamientos al altar. ¿Quién no se acercaría a Jesús si un oso de peluche gigante te lo pidiera? Él pacientemente intentó explicar cómo hacerlo. Yo seguía sin entenderlo. Mi cuenta de almas hasta el día de hoy es muy baja. Si tú tienes la solución para mí, por favor envíame un e-mail o un mensaje. Me estoy envejeciendo minuto a minuto y temo que no tendré suficientes almas para demostrar a Jesús cuánto significa Él para mí.

Cómo respondas a lo que necesito decir en este capítulo depende totalmente en cómo tú crees que alguien llega al punto de la salvación. ¿Deben todos orar la oración del pecador para alcanzar el Reino de los Cielos?

Ya no estoy tan segura de ello. C. S. Lewis no entró en el Reino de los Cielos por haber orado la oración del pecador. Anteriormente había sido uno de los mayores ateos. Desafiando las mentes más brillantes de la iglesia en la radio en Gran Bretaña. Él era profesor en Oxford.

Un día cuando estaba reflexionando sobre todo el tema mientras paseaba a través de la campiña inglesa, dijo que él supo el momento exacto cuando la fe para creer se dejo caer en su corazón. Fue como si hubiese entrado por una puerta. Podía recordar cuando no creía y luego de repente creer. Se convirtió en uno de los mayores apologistas de la fe cristiana y uno de los autores del siglo XX más prolíficos de alegorías y sátiras que ilustran el evangelio. Incluso llegó a hacer el libro de literatura de la escuela superior en los Estados Unidos. En su día era uno de los favoritos en la radio entre los cristianos porque podía refutar la fe con sus ex colegas ateos y desarmarlos. Gran Bretaña fue su audiencia. La BBC llevó sus debates en vivo.

Aunque, no lo sé. Tal vez no haya sido salvo del todo, porque se le olvidó que debía haber hecho la oración del pecador.

Puesto que no se me da bien "cerrar el acuerdo," lo mejor que hago es lo siguiente. Solo hablo con la gente acerca de Jesús y lo que ha hecho por mí. Tal vez lo hago para apaciguar mi conciencia porque mi cuenta de almas es baja, pero he llegado a creer que Dios tiene un papel más importante de lo que nos imaginamos en la salvación de cada persona. Él es el autor de la misma, quien atrae al hombre a Sí mismo. El que da fe para creer. El origen de la salvación es sobrenatural. Independientemente de cuántas tarjetas rellenadas por personas en el altar y que puedas presentar a los pies de Jesús, tú tuviste muy poco que ver con ello.

Nuestra responsabilidad es dar una respuesta de la esperanza que tenemos a todo el que la pide. Podemos predicar el evangelio de Jesús y causar que la gente escuche de Él. Es mucho mejor si ese mensaje no viene envuelto en peticiones por dinero o donativos para tu ministerio de televisión. La gente probablemente pensará que tienes una motivación oculta y que te preocupas más de ello que de Jesús.

Yo siempre he disfrutado la manera en que Billy Graham lo hace. Utiliza la televisión y no permite que la televisión lo utilice a él poniéndose en el horrible lugar de tener que recaudar fondos para mantener su programa. Temporalmente emite una cruzada en televisión y luego se va. No permite que el monstruo religioso lo atrape. Él está envejeciendo y ya no tiene cruzadas, pero le escuché la otra noche predicar en una cruzada de 1957. Era tan refrescante escuchar el puro y sencillo mensaje de Jesús seguido de una invitación para recibirlo. Yo quería "pasar adelante," ¡y he sido cristiana desde 1957! ¡Suprimamos todo lo demás y financiemos las retransmisiones de las cruzadas antiguas de Billy Graham!

El intercesor accidental no tiene que ir de puerta en puerta testificando a extraños o estar en la televisión. A medida que Dios abre puertas delante de ti, responde a la oportunidad. Tal vez seas el eslabón en una larga cadena de influencia que exponga a aquel al que Dios está llamando al evangelio de Jesucristo. Una persona puede creer en su corazón sin que tú estés ahí para "cerrar el acuerdo." Esta creencia precederá a cualquier "confesión de la boca." Es bueno orar la oración del pecador, pero no es necesario declarar la salvación y poner la muesca en tu Biblia. Si fue real, ellos lo declararán.

Un día iba en un avión, pero no viajaba para una reunión cristiana. Más bien era uno de mis primeros viajes en avión en los últimos años para un evento que no fuera una conferencia cristiana. Iba a Portland, Oregon desde Pittsburgh para asistir al Mercado Internacional de los edredones "Quilt" para ayudar a una amiga con su stand allí. Aquí tengo que decir que fue divertido estar "fuera" de la zona cómoda del cristianismo. Por fin estaba en contacto con un pintoresco grupo de no cristianos cuya prioridad no era escuchar lo más reciente saltando por todo el cuerpo de Cristo. Ellos solo estaban ahí para ganarse la vida.

¡Yo sabía que Dios estaba en control cuando la compañía aérea me pasó a primera clase! El vuelo incluía el desayuno, y me senté en el grande y cómo asiento de cuero, lista para tomar mi café en una buena taza en lugar de una vaso de StyrofoamTM.* Cuando todos abordaron el avión, vi a un hombre parloteando con los otros pasajeros mientras colocaba su equipaje de mano en el compartimiento superior.

Entonces noté los flecos de un manto de oración judío bajo su abrigo y el kipá sobre su cabeza. Él se sentó a mi lado. Apartó la bandeja del desayuno pero tomó el plátano. No había nada kosher en ella excepto el plátano. Me di cuenta que él era un compañero corpulento y probablemente tenía hambre, así que le di mi plátano también.

Él empezó a hablar conmigo, lo cual es inusual para un ortodoxo hombre judío. Vio la revista de edredones que tenía en mi regazo y dijo: "Oh, veo que vamos a la misma convención."

Debí de parecer sorprendida. ¿Qué hacia un hombre yendo a un show de edredones? Él me explicó que tenía una empresa de uniformes en Nueva York y que iba allí para comprar tela para su empresa. Decidí hacerle algunas preguntas acerca del Antiguo Testamento, pero me abstuve de decirle sobre lo que hacía para ganarme la vida, esperando mantener mi cubierta intacta como una persona normal.

"Disculpe, pero ¿sabe el significado de la fiesta de las trompetas en la Biblia?" Ahora él parecía perplejo.

Por las siguientes tres horas y media, hablamos acerca de la Biblia. Realmente le gustaba hablar de ella. Hablamos sobre la oración. Yo mencioné cómo el Rey David le había dicho a Dios, "de mañana, oh Señor, oirás mi voz…" Yo le hablé de mi cuñado que fue un experto en audiología forense. El me había dicho que aún las voces de gemelos idénticos tienen diferentes huellas electrónicas. Eso significaba que Dios estaba esperando oír su voz cada mañana.

Tenía lágrimas en sus ojos y se disculpó por un momento para ir al aseo.
Cuando regresó, seguimos hablando. El me dijo: "Necesitas entender algo. Yo siempre oro oraciones prescritas aprendidas de memoria por mi tradición religiosa.

A lo que respondí, "Bueno sigue con ellas. Pero mientras estas con ello, solo empieza a hablar con Dios sobre lo que es importante para ti."
Le dije que tenía muchos amigos que oraban y le pregunté si él tenía algo y si quería que orásemos por ello.
Él dijo: "Si, mi esposa y yo hemos estado casados por casi un año, y no tenemos hijos, ni siquiera está embarazada."

Lo pensé mejor antes de decir: "¿Es esto algo malo?" Recordé que tener hijos es una señal del favor de Dios para un judío ortodoxo. En cambio le prometí que oraría por él y pediría a mis amigos orar también. Le dije que si el bebé resultase ser niña, le pusiera de nombre "Melinda."

El piloto interrumpió nuestra conversación para anunciar que estábamos llegando a Portland. El hombre me dio su tarjeta de visita y me pidió la mía. Bill había hecho tarjetas solo con nuestros nombres y correo electrónico.
Él la miró y dijo: "Pero esto no me dice lo que haces."

Al darme cuenta que mi corta carrera como una persona normal había terminado, dije: "mi marido y yo somos pastores de una iglesia cerca de Pittsburgh."
Él dijo: "¡Me lo imaginaba!" Entonces fue más allá, "¿Sabes lo que me gusta hacer? ¡Me encanta ver a predicadores de raza negra por televisión!"

Una visión de este hombrecito judío regordete con su kipá y su manto de oración con el mando a distancia cambiando los canales de la televisión hasta encontrar a T. D. Jakes en TV pasó por mi mente. Me reí entre dientes, y luego me di cuenta que yo era parte de la cadena del efecto dominó, que un día lo llevaría al lugar donde él iba a estar listo para recibir a Jesús.

Una vez más, yo no "cerré el acuerdo," ¿pero me pregunto si él recuerda su encuentro en el avión con una mujer extraña y gentil que amaba a Dios y se preocupaba por él? Tal vez no causé que la ficha de dominó cayera pero sí que se tambaleara. Quizás un día él haga la oración del pecador con T.D.Jakes en la sala de estar de su casa. Está bien. Todos estamos en el mismo equipo. ¡Tal vez entonces, por fin tenga yo al menos una parte de un alma para poner a los pies de Jesús!

La palabra "testigo," en el griego, es la palabra "martyreo." Oh, oh. Eso suena demasiado como El Libro de los Mártires, de John Fox. Si no lo has leído, no lo leas por la noche sobre todo antes de irte a la cama. Te recordará de lo poco que has hecho por Jesús y de lo afortunado que serás el llegar al "aparcamiento" del cielo. Es el espantoso relato de muchos de los primeros cristianos que murieron por su fe. En él hay historias que describen cómo muchos de ellos fueron hervidos en aceite y rasgada la piel de sus cuerpos porque no se retractaban de su fe.

No estoy diciendo que estos mártires no tendrán un sitio especial en el cielo. Lo que digo es que cada persona que se convierte en testigo de Jesús sufrirá por cuenta propia el haberlo hecho. (II Timoteo 3:12 RV) La Escritura dice que cada uno de nosotros que viva píamente en Cristo Jesús, sufrirá persecución. No es bueno responder a este desafío inventando maneras para castigarte a ti mismo y quitar de en medio esta cosa de mártir. No puedes.

Cada cristiano que lea esto al final morirá por causa de Cristo ya sea un martirio de forma lenta o rápida. La gente que te rodea es probable que te golpee y te ridiculice. Te excluirán, asignarán motivaciones malas a tus acciones, para tentarte a que abandones y hagas toda clase de mal para "exasperarte." Hacen esto para intentar demostrar a sí mismos de que lo que crees no es verdad y que no hay nadie vivo que sea un verdadero cristiano.

Nunca habrá una lista determinada para el mártir fructífero. Renunciando a tu vida para vivir por Jesús es lo que da testimonio a los perdidos. Personalmente creo que Dios no está para asignar a cada cristiano una "cuenta de almas." Él solo quiere que ames a Dios con todo tu corazón y a tu prójimo como a ti mismo. Cuando un cristiano hace esto en el Espíritu, la gente va a "despertar y oler el café."

No es necesario meter el evangelio por la garganta de una persona que no tiene hambre de ello o intentar orar con alguien antes de que esa persona esté lista. Es como intentar recoger una fruta que no está lista para ser cosechada. El trabajador con experiencia aprende a ver la diferencia. La fruta verde necesita estar expuesta por más tiempo al sol, en este caso, al Hijo. Y esto viene a medida que experimentan tanto la convicción de pecado por el Espíritu Santo y el amor de Dios a través de ti. Tu labor consiste en trabajar con Dios, no en lugar de Él.

Dios no te pedirá ver tu "cuenta de almas" el día del juicio, pero tal vez te pregunte si crees que Él te amaba. ¿El hecho de que Él te amaba te motivó a amar a la gente que te rodeaba? Nunca deberías esperar que alguien conteste a tus palabras sin antes haber dado la oportunidad de que respondan a tu amor.

Capítulo 9
Orando en la Brecha

Aunque podemos llegar a ser intercesores cuando nuestros caminos se cruzan con los de otros en el plan de Dios, es posible orar intencionadamente. Orar no se supone que deba ser formal o necesariamente dramático. En realidad, deberías dejar de "orar" y empezar a hablar con Dios acerca de lo que hay en tu corazón.

Llegado este punto, tal vez te des cuenta que creo que el término "intercesión" significa mucho más que orar a favor de otros. Orar es solo una pequeña parte de estar en la brecha. Desafortunadamente, debido a que siempre hemos equiparado intercesión con solamente orar, clasificamos ciertos temas como los objetivos principales para "oración intercesora." Haciendo esto, a veces dejamos la oración fuera de la brecha que Dios ha diseñado para nosotros y volvemos a centrar la atención en los programas que elegimos. La oración viene a ser simbólica y francamente "extraña".

Cuando el avivamiento llegó a nuestra iglesia en los años 90, comenzamos a tener reuniones de "oración e intercesión." El grupo de intercesión empezó bien. Las personas que estaban involucradas, incluyéndome a mí, fuimos fieles por algunos años. Fue muy divertido también. Descubrimos la potencia aparente del simbolismo profético, oraciones y profecías que ilustran con gestos simbólicos.

Una noche, alrededor de las diez, la gente del grupo de oración decidió ir conduciendo por el barrio judío mientras que uno de ellos se levantaba y tocaba el Shofar a través del techo solar del vehículo. Aunque no era evidente por qué íbamos a hacer esto, ¡simplemente sentimos que sería una bendición! Sigo sin saber cómo ese grupo de entusiastas guerreros de la oración escaparon las miradas de la policía de Pittsburgh, ¡pero lo hicieron!

Prometimos recordar las palabras de Dios para nosotros y demostramos nuestra fidelidad haciendo cosas como colocar un cubo con tierra en el altar de la iglesia como un símbolo de nuestra creencia de que Dios nos daría la tierra. Aprendimos que los antiguos celtas fueron personas de gran fe. Golpeábamos bastones de inspiración céltica durante la adoración para simbolizar al rey golpeando el suelo con flechas para derrotar al enemigo, como una de las historias del antiguo Testamento (II Reyes 5). Si llegabas tarde a la reunión, podías oír el estruendo de los palos hasta dos calles más abajo que parecía al acecho del tiranosaurio rex seduciendo a su presa como en las películas de Parque Jurásico. Se corrió la voz por toda la zona que la gente en nuestra iglesia tenía lanzas. Cuando Bill lo escuchó, dijo: "¡diles que no se preocupen; que solo las usamos para recoger las serpientes!" Todo ello fue muy divertido y una ruptura total del aburrimiento de nuestra liturgia carismática. A Dios no le importó--hasta que las cosas se nos fueron de las manos.

Después de algunos años, el grupo llegó a ser exclusivo. Aquellas personas que querían orar en una forma diferente, la forma tradicional, eran consideradas fuera de sintonía con el "fluir de Dios." Detrás de la exclusividad se ocultaba el orgullo religioso, que con el tiempo llegó a ser el cimiento para la horrible división de la iglesia en 2004. Habíamos sobrevivido la bendición del avivamiento entera sin ninguna división, pero doce años después, finalmente caímos bajo el hechizo de Satanás. Los miembros comenzaron a juzgar las motivaciones de los demás. No hemos tenido un grupo como ese desde entonces. Nadie quiere algo así y nuestra congregación está haciendo mucho mejor sin ello.

¿Qué salió mal? Nos deslizamos fuera de la sencillez y pureza de conocer a Jesús a la realización de gestos simbólicos. Llegamos a estar satisfechos con símbolos de Jesús en lugar de la revelación suprema de "Cristo en nosotros, la esperanza de gloria." (Colosenses 1:27 RV) En lugar de besar a Jesús con humildad mostrando amor y bondad hacia los demás, besamos la sombra del Antiguo Testamento. Apaciguamos nuestro deseo de agradar a Dios haciendo actos misteriosos que solamente simbolizan lo que ahora realmente deberíamos estar haciendo como siervos de Jesucristo. Sustituimos esto por el simple hecho de hablar con Jesús.

También forjamos una nueva tradición de la reconciliación, haciendo énfasis en los pecados de nuestros antepasados contra las tribus nativas americanas y otros grupos de personas, que sin duda habían ofendido. Ignoramos una creciente necesidad de reconciliación dentro de nuestra propia comunidad. ¿Cómo podríamos decaer menospreciando uno al otro cuando el objetivo era servir a Dios, cuyo único mandamiento es amarse uno al otro?

Afortunadamente, esto no fue el único resultado del avivamiento. Mezclamos todo esto con lo que era tan real. Comenzó como un viento refrescante del Espíritu Santo, destinado a animarnos para amar de nuevo, pero se convirtió en el canto del cisne de la muerte pero con estilo y chispa. Lo que Santiago dijo es verdad: "...la fe sin obras es muerta." (Santiago 2:26 RV) Cuando las obras no están allí, tampoco está la fe.

Súper espiritualidad no es el artículo genuino. Dios no está ya más en lo simbólico. El Padre no necesita más símbolos; porque Jesús es la plena revelación del amor del Padre. Él está vivo y el Espíritu Santo está aquí. Este es el lema del libro de Hebreos. "Dios, habiendo hablado muchas veces en muchas maneras en otro tiempo a los padres por los profetas, en estos postreros días nos ha hablado por el Hijo,..." (Hebreos 1:1 RV) Sin duda el autor era consciente de cosas como esta.

Debo confesar que me resulta difícil hacer oraciones generales por las naciones y agendas políticas. No estoy preocupada, al menos la mayor parte del tiempo, sobre lo que va a suceder en el ámbito internacional, el mercado de valores o aún en el frente interno si la nación escoge a la persona "equivocada" para presidente. Además de orar por sabiduría para los líderes gubernamentales, hago la única cosa que puedo hacer aquí en los Estados Unidos, que es el voto. Todo es demasiado alto para mí. Tengo que confiar en Él para mantener el hogar funcionando, como confiaba en mis padres cuando estaba creciendo.

Del mismo modo, no tengo la más mínima idea de cómo manejar la tierra o alguna pista sobre cómo las cosas funcionarán al final del tiempo o incluso al final del día. Si no puedo saber eso, ¿por qué debería vivir y orar como si pudiera?

No debe de ser la brecha de parte de Dios para mí, porque también encuentro soso ese estilo de orar. No puedo decir si mis oraciones están siendo contestadas. Conozco cristianos sinceros, personas cuya brecha incluye la escena política y que están en cada uno de los partidos políticos. Cada uno cree que Dios le quiere donde está.

Sin embargo, no veo mucho fruto bueno de todo nuestro énfasis en el cuerpo de Cristo en la política humana. Jesús se pierde en la búsqueda de un salvador humano. Es una distracción de los negocios eternos mientras que causa que los cristianos se enfaden, tengan miedo y se involucren en polémicas y con qué fin: ¡cerrar las ventanas y clavarlas, esconder alimentos debajo de la cama y comprar un arma de fuego para protegerlo! Dios es capaz de llevar a cabo Su voluntad de todas maneras.

Quien tiene el control político no es tan importante como saber que Dios está en control. Usar la política como una herramienta de cambio es un arma inferior a la levadura del Reino de los Cielos. Jesús le dijo a Pilato: "Si mi Reino fuese de este mundo, mis discípulos lucharían." Creo que la lucha partidista no tiene cabida en la iglesia.

Tampoco ayuda a los cristianos ser amenazados con que si no oran lo suficiente, el país se verá afectado. ¿Qué es "lo suficiente," y cuándo sabes que has orado mucho y lo suficiente? Cuando citamos: "si se humillare mi pueblo, y oraren…y se convirtieren de sus malos caminos…yo oiré desde los cielos y sanaré su tierra," (II Crónicas 7:14 RV) no somos capaces de notar que Dios está hablando a Israel en un tiempo en el que representó al Reino de Dios en la tierra. El Reino de Dios comenzó a invadir la tierra con la llegada de Jesús, y algunos problemas terrenales están destinados a seguir con nosotros hasta que Jesús venga otra vez.

Jesús nos dijo que oráramos: "Venga Tu Reino, hágase tu voluntad en la tierra como en el cielo." Él está hablando acerca del Reino de los Cielos donde Él gobierna. Lo que Él dijo a Pilato separa eternamente Su Reino de la política terrenal. Él no nos dijo que Su Reino vendría políticamente o que Su voluntad sería todo el tiempo. Sin importar lo que pase, Él puede trabajar con ello.

¿No Tengo que Ayunar?

Me pregunto también acerca de todos los ayunos que convocan líderes reconocidos. Es demasiado fácil para un resultado deseado, ya sea en nombre de avivamiento o cualquier otra agenda humana, convertirse en el centro en lugar de Jesús mismo y Sus interacciones contigo y las personas en tu brecha.

Cuando por lo que hemos ayunado llega, lo atribuimos al ayuno; pero ¿es así? ¡Lo más probable es que fue porque era el tiempo de Dios y por Su maravillosa gracia! Anhelamos estar en control, y cuando pensamos que lo estamos, ¡tomamos el crédito a veces poniendo el resultado a los pies de todo el ayuno que hemos hecho! Usar el ayuno para "controlar" los movimientos de Dios parece una buena idea. La verdad es que nosotros nunca estamos en control; solo tenemos la ilusión de control.

Tendemos a mirar el ayuno y sus supuestos resultados y llegar a ser atrapados en un ciclo a través del cual una persona es tentada a descansar en qué tan severamente puede castigar su cuerpo omitiendo alimentos. Es como si el ayuno demostrara al Señor un suficiente nivel de desesperación, que estime necesario para cumplir Su voluntad. Sin embargo, si este es un concurso para ver quién es el más hambriento, ¿por qué no simplemente adoptar el método benedictino de castigo corporal en su lugar y darte una paliza hasta que estés satisfecho de que has cumplido con los requisitos de Dios?

He intentado ayunos severos y probablemente he hecho más que tú. No hizo que Dios se moviera más pronto. De hecho, Dios esperó 18 años para traernos el Río. Mientras tanto, he dejado el ayuno hace ya mucho tiempo porque lo que quería no era inminente.

Sin embargo, el ayuno me ha dado una sensación de satisfacción religiosa de que he hecho mi parte. Si el avivamiento no viene, no será porque yo no ayuné, o eso pensaba yo. Esto me llevó rápidamente a una mayor sensación de orgullo sobre cuánto ayuno hice y de cuánto me negué a mí misma.

A medida que adelgazaba y me debilitaba, en secreto esperaba que los demás lo notaran. Finalmente caí en la cuenta que había quedado completamente fuera de la gracia de Dios y había comenzado a funcionar en un falso evangelio de obras. He sido cristiana por más de 50 años; y debo decir que en todo este tiempo, no he visto ningún buen fruto del ayuno que no pudiera atribuir más directamente a Su gracia.

¿Pero, tú no ayunas? No hago más ayuno de comidas porque casi me da anorexia por ello. Lo he visto causar en otros una vida de comer compulsivamente bajo la cubierta religiosa de una tal llamada "vida de ayuno," purgas y atracones, que pueden ocasionar obesidad y otros problemas peligrosos de salud.

Después de seis horas de ayuno, algo se posa sobre mí para tentarme diciendo: "si un poco es bueno, más es mejor." Ese monstruo religioso me está tentando a dejar el descanso y el yugo fácil de Jesús y atrayéndome de nuevo al falso evangelio de 'yo haciendo el trabajo.' Yo se que esperas que un demonio caiga con cada gruñido de tu estómago, pero no hay evidencia de esto. Es meramente especulación, algo que podría rápidamente levantarse en lugar del verdadero conocimiento de Dios.

Si hay algo en ayunar, es un corto periodo de tiempo apartado para traerte de nuevo a una conexión intima entre tú y Jesús, un tiempo aparte con Él para descansar en Su presencia y ser renovado al ser inundado en Su amor. Cuando los fariseos preguntaron a Jesús por qué Él y sus discípulos no ayunaban, Él contestó: "Llegará el día en que se les quitará el novio; entonces sí ayunarán." (Mateo 9:15 RV)

Ahora bien, esto es confuso, ya que la última cosa que Jesús dijo en la tierra fue: "he aquí yo estoy con vosotros todos los días, hasta el fin del mundo." (Mateo 28:20 RV) Si el novio sigue aquí y no se va a marchar, ¡por qué necesito ayunar y comportarme como si Él no estuviera! La manera en cómo oramos dice mucho de la clase de persona que creemos que Dios es. Sin duda alguna Jesús no quería que sus discípulos actuaran como si Él no estuviera aquí o que Él está disponible solamente a través de obras tales como ayunar. Esto iría en contra de la gracia de Dios.

Puesto que Jesús murió en la cruz, no existen más requisitos para obtener lo que el Padre tan libremente nos ha concedido. Nada de lo que hagamos aparte de nuestro amor genuino suscita la aprobación de Dios y aún esa capacidad es un don que viene de Él. De lo contrario, caerías en desgracia y volverías a la rutina de las obras. Un anciano pastor nos dijo: "Ayuna solo hasta que Dios tenga toda tu atención." Cuando mi próxima comida esté en juego, ¡Dios tendrá toda mi atención en menos de cinco minutos!

No creo en ayunos de grupo como una tradición anual en la iglesia del Nuevo Testamento y desde luego no quiero pasar ayunando cada enero, uno de los meses más fríos del año en

Pittsburgh, ¡porque un tal profeta en la costa oeste piensa que debería hacerlo! No creo que debas ayunar por un cierto número de días puesto que Jesús nunca nos dijo eso. La única sugerencia que Él dio no fue en forma de mandato. De hecho, los versículos donde Jesús parece promover el ayuno como una manera de vencer poderes demoniacos, "…este género no sale sino por oración y ayuno…," (Mateo 17:21 y Marcos 9:29 RV) en realidad no se encuentran en los textos originales de las Escrituras. No está claro quién los agregó después.

El profeta Isaías sabía que Dios despreciaba el ayuno como una tradición, sobre todo cuando la gente religiosa lo hacía para apaciguar o controlarlo o para promover sus propios planes. En Isaías 58, indica que Dios se complace cuando traemos a los pobres y sin techo a casa, cuando vemos a los desnudos y los cubrimos, nos entregamos a las almas afligidas y dejamos de señalar con el dedo hablando maldad. En otras palabras, Dios prefiere que "ayunemos" pecados tales como murmuración, crítica y crueldad más que privarnos de comer. Él quiere que tomes de la naturaleza de la verdadera humildad y seas consciente de tu egoísmo. Él quiere que comiences a amar verdaderamente a la gente—como un estilo de vida, no por un breve periodo. El ayuno que Dios escoge, según Isaías, no tiene nada que ver con privarte de comida.

Cuando se le preguntó sobre esto a Jesús, él dijo que orar, ayunar y dar limosna debería hacerse en secreto. Esto es un eco de Isaías 58. Es muy difícil seguir ayunando en secreto, especialmente para la persona que es orgullosa. Esta demanda de Jesús es un anulador intangible que frena el orgullo humano. ¡Así es que no te sometas a intimidación súper espiritual porque algún conferencista famoso lo pida! Dios prefiere tener tu confianza y tu honor para Sus tiempos y épocas que tus ayunos. ¡De hecho, por qué no simplemente "ayunamos" de pecado, mientras que amamos a Dios y somos amables y ya está!

Si necesito perder peso, prefiero la dieta alta en proteínas y baja en carbohidratos. ¡Si solo lo llamo un ayuno, entonces me puedo sentir espiritual acerca de ello! Permíteme sugerir que intentes ayunar por cuatro horas entre el desayuno y la comida. Mi esposo llama a esto "ayuno exprés." ¡Ya que eres un intercesor accidental, tal vez acabes ayunando "por accidente" cuando tu horario está demasiado lleno para comer! ¡Eso definitivamente "cuenta" como verdadero sufrimiento por el evangelio!

Tal vez esté asando a la parrilla una vaca sagrada, así es que si hueles algo como filete asado, capta el olorcillo. ¿No es delicioso el olor de la parrilla? Es obediencia de amor, no sacrificio lo que Dios huele en el cielo. Eso es olor fragante a las fosas nasales de Dios. Si Jesús vino, murió en la cruz, resucitó de los muertos y vive para siempre en la presencia del Padre para hacer intercesión por todos nosotros, no creo que mi falta de comidas o la realización de actos simbólicos puedan añadir algo a eso.

¿No tengo que 'bajarlo' de los cielos con mis oraciones?

De la manera que oras revela quién crees que Dios es y a lo que crees que Él se parece. ¡Dios ya está aquí, y según Jesús, Él no va a marcharse! ¿Por qué entonces tenemos que "tener una voz temblorosa" cuando oramos en algún tipo de dramático, estremecimiento santo, implorándole nos otorgue la misericordia que Él ya nos ha concedido libremente?

¿Has notado que a veces nuestra jerga popular cristiana refleja que estamos tensando el yugo y nos hemos olvidado del evangelio de Jesús? Tenemos que 'ayunarlo,' 'orarlo,' 'derribar' bendiciones y principados. Tenemos que 'presionar' para 'entrar en Su presencia' como si Él no estuviera ya en nosotros. Cantamos de venir a Él en términos del modelo del Antiguo Testamento de los judíos acercándose a Dios detrás del velo del templo. El uso de esta jerga absorbe la gracia y el gozo de la vida cristiana, poco a poco, y nos deja con las normas secas, una ley que no podemos llevar a cabo de todos modos y una ley que no está escrita en nuestros corazones.

El amor que tienes por las personas en tu brecha es lo que "extrae" de ti una oración genuina. Por quién y qué pides revela quién eres realmente. A medida que te acurrucas en tu brecha, las personas en ella capturarán tu corazón. Les amarás y sufrirás cuando ellos sufren. Te desesperarás en las circunstancias que rompen sus corazones porque sabes lo que sería experimentar el mismo golpe. Recordarás cómo te sentiste cuando estabas solo y con temor de lo que podría venir.

Orando en el Camino

Cuando mi nieto mayor, Liam, tenía tres años de edad, se quedó fascinado con las historias de Tomas Tank Engine. Coleccionaba locomotoras de juguete y pensaba que vivía en la Isla de Sodor. Veía el programa todos los días. Las locomotoras de las historias llegaron a ser sus amigos.

Durante la temporada de Navidad, hablaba con sus padres Sarah, mi hija, y su esposo, Sean. Yo había intentado conseguir lo que Liam quería cómo había prometido que haría segundos después de su nacimiento, pero no había podido encontrar dos de las locomotoras que él tanto quería. Esa noche les decía: "no puedo encontrar a Gordon y Henry," dos de las locomotoras más populares, que habían desaparecido de las tiendas debido a la época navideña. Tampoco había sido capaz de encontrarlas en internet. No me di cuenta de que Liam me estaba oyendo.

Sarah me llamó más tarde mientras iban de camino a casa y dijo: "Mamá, no vas a creer esto." Liam iba con su cinturón abrochado en el asiento del coche en la oscuridad. Estaba mirando por la ventana las estrellas cuando empezó a orar en voz alta.

"Dios, ¿ves a Gordon? ¿Ves a Henry? ¡Están perdidos!" Estaba al borde de las lágrimas.

Él estaba orando por sus amigos porque los amaba. Pensaba que yo quise decir que en verdad se habían perdido, él no entendía que yo no los encontraba porque se habían agotado en las tiendas.

La idea de nuestro pequeño Liam mirando al inmenso cielo y confiando en Dios con su serio problema me conmovió. Decidí hacer un último intento de buscarlos en internet. En la primera página que entré, ¡encontré los dos! No era un milagro pequeño. Me maravillé. Si Dios puede escuchar a un niño de tres años de edad orando por juguetes que él cree que son reales, me pregunto si Él está interesado en mis preocupaciones.

¿Qué capta el oído de Dios? Tu verdadero amor por Él y por tus amigos infunde tus oraciones con poder. El amor hace a tus oraciones sinceras y fervientes. Renunciando lo que queremos en favor de los que Él quiere y lo que puede ayudar a los demás toca Su corazón también. Es orar como Jesús lo haría. A veces tu preocupación viene como un suspiro de desesperación. Otras veces te puedes sentir tan dolido que no puedes ni hablar. Solo puedes llorar de una sincera identificación con el dolor de otra persona porque conoces el sentir de ese tipo de dolor. Yo creo que Dios lee los corazones. Dios lee los suspiros y lamentos genuinos como oración y presta menos atención a las palabras. A Él no le gustan las palabras que no son sinceras, y en especial las palabras que vienen de una preocupación fingida.

Cuando Moisés fue capaz de orar por los irritables israelitas en el desierto y decir a Dios, "si los vas a destruir, destrúyeme a mí también," fue como Jesús, voluntariamente dando Su vida para salvarnos. Moisés no estaba fingiendo su preocupación; él lo decía en serio. Dios salvó al pueblo a pesar de estar indignado con ellos por su continua desconfianza en Sus motivos.

Cuanto más camino con Dios, más me encuentro escuchando en la oración que diciéndole a Dios lo que quiero y lo que Él debería estar haciendo. Le dejo que establezca la orden del día. Paso tiempo pidiéndole que me ayude a confiar en Él y a ver las brechas que Él quiere que defienda en Su voluntad. Oro que yo pueda quitarme de en medio. Me doy cuenta de que no estaré aquí para siempre; y que incluso cuando yo muera, Él seguirá amándote y la levadura del Reino de los Cielos seguirá trabajando por toda la eternidad.

He descubierto que es importante descansar primero antes de luchar. Una de las principales armas del tentador es hacerte sentir débil y desanimado así te darás por vencido. Pablo indicó que Dios quiere creyentes armados para la batalla y para luchar contra principados y potestades y otros asuntos espirituales. El deporte de lucha libre es muy diferente de deportes como fútbol americano donde el objetivo es tomar la tierra contra el equipo contrario hasta que tu equipo hace un touchdown.

El antiguo deporte de lucha grecorromana consiste en dos rivales que luchan por el control. Para ganar control se requiere fuerza y destreza mental, saber cómo llevar a cabo las diferentes llaves en tu oponente para que él rinda el control. La fuerza para mantenerte firme viene de Su brazo fuerte, no de tu espiritualidad.

¿Qué te hace perder fuerza espiritual? Para mí, es el desanimo cuando siento que Él ha olvidado Sus promesas o cuando me siento débil frente a circunstancias insuperables. Cuando me siento de esta manera, sé que estoy siendo tentada a dudar para que me dé por vencida y abandone mi tarea. Satanás me está intimidando con mentiras y falsas impresiones que me debilitan para que me rinda y entregue mi sitio.

¿Quién tiene el control de tu vida en este momento? ¿A quién te estás rindiendo? ¿Estás cediendo tus miembros a la justicia o a la iniquidad? Cuando estás cediendo a la tentación, tu propia conciencia te derrota.

¿Qué clase de guerra es? ¿Tengo que "romper cosas" en un ataque de pánico espiritual? ¿Necesito entender qué principado maligno está arriba obstruyendo el plan de Dios? Confieso otra vez que nunca he sido lo bastante espiritual para entender nada de eso. Solo puedo especular acerca de un reino espiritual que no puedo ver, pero esa no es revelación verdadera. Podría estar perdiendo mi aliento en enemigos imaginarios y ser distraída de las necesidades reales de las personas en mi brecha. No olvides de cómo a Satanás le encanta la atención.

Yo creo que en la cruz, Jesús destruyó por completo a Satanás y su poder. Él exhibió los poderes de las tinieblas triunfando sobre ellos cuando derramó Su sangre en la cruz. El deseo final de Dios no está más en peligro. No tengo que ganar la batalla, Jesús la ganó por mí. Creo que es innecesario intentar derrotar lo que Jesús ya ha derrotado y tratar de "reinventar la cruz."

¿Hizo alguna diferencia en la guerra espiritual la muerte y resurrección de Jesús? Si fue así, ¿entonces por qué obtiene la iglesia su modelo de oración y ayuno de las historias del Antiguo Testamento previas a la cruz? El Antiguo Testamento solo puede ser interpretado a la luz de lo que Jesús hizo en la cruz.

Siento no haber pasado más tiempo como joven cristiana viendo lo que Jesús hizo por mí en la cruz y cómo eso afecta lo que creo y cómo vivo. Ahora reconozco que muchas de las preocupaciones y tradiciones que he desarrollado a través de mi experiencia cristiana han sido totalmente en vano, un testimonio para el evangelio de obras y no de Su gracia maravillosa. Jesús lo pagó todo. Todo lo que yo necesito hacer es descansar en lo que Él hizo. Me doy cuenta cuando estoy descansando y morando en Él porque confío en Él.

¿Entonces cuál es la lucha contra el mal de la que Pablo está hablando en Efesios? La batalla es estar en el lugar que Dios te ha dado, resistiendo las tentaciones que pudieran provocarte a salir de tu brecha y de tu ámbito de mayor influencia. Es resistiendo todo aquello que no te permite vivir el evangelio cuyo mayor mandamiento es el amor y que puedas tu descansar en Su amor.

Si te preguntas acerca de esta interpretación, mira en Efesios cómo debemos armarnos y para qué son las armas y la armadura: para ser justos por Su gracia, en paz, caminando en la sencilla y poderosa verdad con la espada del Espíritu, que es la Palabra de Dios.

¿Quién es esa Palabra? Él es Jesús el Cristo vivo quien te dice lo que debes hacer en cada batalla personal que enfrentas. La armadura nos hace estar firmes contra las asechanzas del diablo.

Las artimañas del engaño y el poder de la falsa acusación son los enemigos en la guerra espiritual que nos acusan después de la cruz. La decepción y la acusación nos hacen aceptar mentiras sobre nosotros mismos acerca de Dios y lo que Él quiere. No son producto de la verdad llena de gracia, la cual nos hace libres para no poner obstáculos delante de los demás.

Yo creo que también estamos en guerra contra la especulación, que está creando gran parte de la doctrina extraña que se infiltra en la iglesia. Este falso conocimiento distrae al cuerpo de la sencillez y pureza de conocer a Jesucristo. Cada fracción de falso conocimiento pone al hombre en control y fuera del control de Dios. El estar capacitado con la espada de la verdad vencerá eso porque Jesús, que es la Verdad, ha puesto ya el hacha a la raíz del árbol. Como el personaje Pogo, de dibujos animados, dijo una vez: "¡Hemos encontrado al enemigo y somos nosotros!" La guerra espiritual después de la cruz será de menor esfuerzo cuánto más confiamos en Él.

Un Héroe de Guerra Espiritual

Durante muchos años, mi precioso marido, Bill, ha estado en la brecha como pastor aquí en nuestra pequeña congregación. Ha esperado pacientemente que las promesas de Dios se cumplan viviendo una vida de plena satisfacción y humildad. Es un hombre inteligente, aunque sencillo que le gusta volar aviones por control remoto y disfruta trabajar en el coche. Ve películas de guerra y quita la nieve del aparcamiento para las personas de nuestra congregación. De todos los pastores que he conocido, él es el mejor ejemplo de Jesucristo y Su amor paciente por el rebaño de Dios. Su sueño es ser un héroe de guerra.

Ha estado en esta brecha cuando menos hombres y mujeres han corrido. Nuestros hijos están locos por él e imitan su entereza y auténtico amor por Dios. Puesto que nuestra congregación sigue siendo pequeña, algunos cristianos no lo han tenido en cuenta, lo han resistido y ridiculizado; pero él tiene más que decir al cuerpo de Cristo que yo. Solo que está demasiado ocupado trabajando en el edificio de la iglesia o quedando con los chicos en Starbucks para escribir.

Estuvimos de visita en Irlanda del Norte hace unos años y paramos para tomar una fotografía a un gran rebaño de ovejas pastando tranquilamente en una verde ladera. Bill estaba en la valla, tomó la fotografía y dio la vuelta para volver al coche. ¡No vio que de pronto más de un centenar de ovejas en ese rebaño levantaron la cabeza y comenzaron a seguirlo por la ladera! Él era un extraño para ellas. Normalmente las ovejas no miran a extraños; pero para mí fue una señal. Mi esposo exude un don pastoral, que las ovejas pueden percibir cuando los humanos no lo perciben. Él ha luchado contra las fuerzas de las tinieblas con el fin de permanecer fiel a su llamado y ha prevalecido contra toda tentación de dejar nuestro diminuto rebaño, porque esa es su brecha.

He observado como Dios ha aumentado su influencia y le ha concedido favor con la congregación a tal grado que yo creo que es una auténtica amenaza para el reino del infierno. Es un hombre tranquilo y amable que realmente se niega a sí mismo por ellos. Será honrado en el cielo como un ejemplo de cómo Jesús lo habría hecho, y recibirá una corona de gloria que no se desvanece.

Bill se ha mantenido aquí en la brecha por casi cuatro décadas, nunca exaltándose a sí mismo o resistiendo su humilde misión. Yo ya hubiera corrido mucho antes, pero él me ha enseñado a no hacerlo. No he visto a nadie más ser tan fiel como él lo ha sido sin tener necesidad de ver el fruto de su vida de intercesión.

La forma más efectiva de intercesión no es gritando a los cielos como los profetas de Baal tuvieron que hacer o arrastrándonos a reuniones de oración 24/7 para demostrar que te comprometes con Dios. Es mantenerte firme en lo que Jesús ganó por ti en la cruz contra todo pronóstico, 24/7. Eso es heroísmo espiritual e intercesión real.

Cuánto más tiempo te mantienes acorazado en tu brecha, más notorio serás en el infierno. No necesitarás saber los nombres de los demonios; ellos sabrán el tuyo. El libro de los Hechos registra a siete hijos de un tal llamado Esceva que estaban intentando echar fuera demonios un día cuando uno de ellos habló, "a Jesús conozco y sé quién es Pablo, pero ¿quién eres tú?"

Esta clase de reputación en el infierno viene cuando te quedas donde Jesús te dijo que estés. A veces me pregunto si los cristianos parecen carecer de poder porque sus botas no están en el lugar que Dios ha designado para ellos. Tú estás en el ejército de Dios y eres Sus "botas sobre el terreno." Todo lo que Él quiere que hagas es mantenerte allí. Cada momento que sigues en pie y amas, ¡Dios aumenta tu autoridad y el infierno tendrá miedo de que despiertes en la mañana!

Así que ten cuidado cuando dices: "Dios me quiere aquí." Seguramente lo tendrás que respaldar con mantenerte a pesar de cualquier dolor o desánimo que se pondrá en tu camino. La victoria sobre estas cosas viene no por estar gritando contra las fuerzas del mal diciéndoles donde bajarse del autobús. Dios pelea por ti aunque estés en silencio y de pie. Recuerda que si estas lleno del Espíritu Santo, estés donde estés, Dios está. De la misma manera que la presencia viva de Jesús hace intercesión por Su pueblo, tu vida en tu brecha también es intercesión en sí. Tú eres un sacerdote en Su Reino manteniéndote al lado de las personas en tu brecha, conectándolas con Jesús, y luego teniendo la humildad suficiente para hacerte a un lado.

La conversación espiritual melodramática es barata, pero tu Padre ama verte manteniéndote pacientemente en tu brecha. Eso le honra y le hace querer hacer todo lo que está en Su poder para ayudarte. En el Apocalipsis, Juan describe a Dios hablando acerca de la sangre de los mártires realmente "clamando desde la tierra." (Apocalipsis 6:10 RV) Estas personas murieron en sus brechas, ofreciendo sus vidas mismas con el fin de completar su misión. Muchos de ellos no recibieron lo prometido, pero perseveraron puntuando sus oraciones con fidelidad hasta la muerte. Dios dice "¡les haré justicia pronto!" (Lucas 18:8 RV) No pueden ya hacer oraciones largas. No lo necesitan. Están muertos y la sangre que derramaron en sus brechas clama por ellos.

Los mártires también blandieron hábilmente la siguiente y quizás la más poderosa arma de guerra espiritual.

Capítulo 10

Perdonando en la brecha: La Reacción en Cadena de la redención

La guarda de la Biblia de mi padre lleva la siguiente inscripción de su puño y letra:

"El que se niega a perdonar destruye el puente por el cual él mismo debe cruzar"-Anónimo

El mayor desafío del intercesor es perdonar a aquellos que te han hecho mal. Sentir el daño de las malas palabras y que las personas a las que amas te ignoren puede apartarte fuera de tu brecha. Tu llamado es mantenerte firme, armado contra todo mal aún si nadie más lo está. ¿Cómo puede alguien hacer esto si no está dispuesto a perdonar?

José no sabía que iba a convertirse en uno de los intercesores más grandes de todos los tiempos. No tenía libros o sermones para inspirarle a vivir íntegramente en una cultura pagana. Solo los vagos recuerdos de un hogar disfuncional, donde su padre conocía a Dios.

Cuando José era joven, su madre murió dejando a José y a su hermano pequeño, Benjamín, para ser criado por su tía Lea. Lea no pudo evitar sentirse molesta con los dos chicos. Tenía sus propios problemas con su padre quien había engañado a Jacob para casarse con ella para protegerse así mismo de quedar en vergüenza. Lea tenía una letanía completa de rechazos en su agenda de dolor. Su único valor fue haberle dado a Jacob otros diez hijos.

El padre de José, Jacob, demostró su resentimiento contra Lea dando favor a José y a Benjamín, los dos hijos de su amada Raquel. Tal vez Jacob sabía que ahora que Raquel ya no estaba, él sería el único que amaría a sus hijos más jóvenes. Los otros diez hijos de Jacob interpretaron todo esto como el rechazo personal que era y empezó a convertirse en lo que llamamos *'el complejo del padre',* pero a lo bestia. La consejería familiar no había entrado en escena cuando esta antigua familia vivía. Fueron dejados a sobrevivir en este laberinto de angustia bailando en torno a su "elefante blanco en el salón" (el problema que trataron de ignorar) mientras que la rivalidad de envidia continuaba a fuego lento en la olla familiar. ¿Cómo podría esta familia haber vivido sin hacer sus problemas emocionales el motivo de contienda y discusión secreta?

Cuando el joven José comenzó a tener sueños que su familia se inclinaría ante él, nadie reconoció su don profético. Cuando él los compartió con su familia, incluso su padre los juzgó; como lo hubiéramos hecho nosotros, ser las ideas de un narcisista. Sembrar esta semilla en la atmosfera de tal controversia fue el último ingrediente en la receta para el desastre. No obstante, Jacob guardó el recuerdo del sueño de José pensando si realmente ocurriría.

Un día Jacob envió a José solo al campo donde apacentaban las ovejas para llevar provisiones a sus hermanos y comprobar que estaban donde deberían estar. El caldero de resentimiento familiar finalmente llegó a su punto de ebullición y se desbordó. José se había ganado una reputación como un chismoso, y sus hermanos estaban enojados con él. Cuando lo vieron venir, decidieron deshacerse de él para siempre.

Estamos tan preocupados, y con razón; cuando alguien es secuestrado, pero los hermanos de José cometieron este infame crimen contra su propio hermano. Lo habrían matado si Rubén no los hubiera convencido para que se detuvieran. Imagínate el temor y la traición que él sintió en el fondo de la cisterna donde lo echaron. Al caer la noche, solo podía oír su murmuración interrumpida por sus estallidos de ira habituales.

Cuando salió el sol, una caravana de madianitas que iba hacia Egipto pasaba por allí. Los hermanos vieron una oportunidad para sacar un poco de dinero con tráfico de personas, lo alzaron de la cisterna y lo vendieron como esclavo. ¿Vieron siquiera a los camellos caminando pesadamente perderse de vista hasta que la caravana no era más que una mancha diminuta en el horizonte? Tal vez suspiraron con alivio. Habían resuelto su problema. Su hermano menor que era tan mimado y arrogante se había ido para siempre.

Sus hermanos corrieron a su padre con la engañosa noticia de que un animal feroz había asesinado a José. En un acto de cruel, aunque profética ironía, incluso mataron uno de los cabritos de Jacob y embadurnaron con su sangre la colorida túnica de José. En tiempos antes de la ciencia forense, esto funcionó. Jacob lloró la pérdida de su hijo. Pensando que estaba muerto, él nunca lo buscó.

Así cortó Dios a José de sus raíces y lo insertó en una situación que parecía estar destinada a ser la antítesis de su sueño. Hasta que aconteció décadas más tarde, el Señor permitió a José soportar tragedia, tortura física y mental, así como el rechazo de la familia a la que finalmente salvaría. Sus hermanos llegaron a ser la causa del cumplimiento de su sueño mientras que todo este tiempo estaban intentando deshacerse de su hermano pequeño que amenazaba en llegar a ser el jefe de la familia.

José no eligió su brecha. Dios la eligió por él y Dios tomó el caos creado por los pecados de los mismos hermanos de José y los utilizó como los ingredientes para cerrar la brecha de tiempo y espacio. Dios amaba tanto a ambas naciones que Él quería salvar tanto a Israel como a Egipto de la hambruna. Cuando José llegó a Egipto, fue por el mercado de esclavos, pero ¿quién sabía que él estaba destinado a convertirse en el primer ministro de Egipto?

Los años pasaron mientras José permaneció solo en su brecha aislado en Egipto, rodeado de idólatras. Era un esclavo en la casa de Potifar, uno de los oficiales de Faraón. Allí obtuvo una medida de favor hasta que fue acusado por la esposa de Potifar, falsamente, de violación cuando él se negó a someterse a sus insinuaciones. Pasó varios años en una prisión egipcia, falsamente acusado de una violación que no cometió. Se declaró inocente, pero su petición no fue escuchada porque un coro de hombres culpables le rodeaba gritando también "inocente." Nadie le creyó, excepto Dios, y a nadie le importaba. ¿Podrían las cosas haber sido peor?

José ejercitó su don profético en un preciso momento planeado por Dios, y ese don le abrió un camino. Lo trajeron de la prisión para interpretar los extraños y recurrentes sueños de Faraón. Los sueños predijeron que habría siete años de prosperidad seguidos de siete años de hambruna.

De la noche a la mañana Dios pasó por alto todas las posibilidades humanas para elevar a José a un nuevo lugar en la brecha que él nunca escogió. La interpretación de José impresionó a Faraón. Debió haber resonado en él con esa sensación de paz que conocemos como la voz de Dios. Faraón promovió a José como primer ministro de Egipto, segundo después de Faraón en autoridad. Cuando la hambruna llegó, los egipcios estaban listos para ello, porque José los había preparado.

A menudo me he preguntado qué tan distinta habría sido la historia si los hermanos de José no hubieran decidido venderle como esclavo. Nunca lo sabremos.

¿Cuántas circunstancias en el resto de la historia hasta el día de hoy hubieran sido distintas si los hermanos de José no lo hubieran traicionado? En cambio, su traición soltó la levadura de ese pecado en la historia de la humanidad. Provocó a millones de otros pecados y un incalculable número de muertes como dominós que se estrellan en el suelo en una cadena de maldad irreversible.

¿Te hace eso sentirte enfadado con los hermanos de José? Entonces enfádate contigo mismo. Esto es lo que sucede cada vez que pecas o actúas tus defectos. Quieres ver la cadena de tus acciones justas, ¿pero qué pasa con las cadenas de la caída de fichas dominó cayendo como resultado de tus propios errores y hechos de egoísmo? Cada uno de nosotros hemos empujado muchas fichas de dominó que empezaron una cadena de consecuencias satánicas. Cada uno somos culpables y estamos condenados a sufrir aquí y en la eternidad de no ser por el perdón de Dios.

Un día de verano cuando mi madre era una niña, tiró a su hermano pequeño hacia una rejilla bajo la chimenea ¡porque había derribado sus muñecas de papel! Mi tío John sobrevivió. ¿Pero, cómo crees que se siente Dios cuando nosotros derribamos Sus muñecas de papel? Me imagino que nuestros sentimientos de disgusto tal vez sean similares al Suyo, pero con una gran diferencia.

Él decidió perdonarte si se lo pides. Si no crees que necesitas Su perdón, eres el epítome del egoísmo. ¿Estás loco, o solo quieres ser lo que Dios define como un tonto? ¿Si sigues ignorando al Dios que tanto te ama que envió a Su Hijo unigénito a esta horrible brecha con el fin de satisfacer la sed del diablo por la justicia y tú te niegas a aceptar Su perdón, qué defensa pretendes utilizar? No tienes ninguna.

Siempre es arriesgado emocionalmente abrir tu corazón al amor. Otorga a las personas el poder para hacerte daño. Las personas que te malinterpretan y te persiguen por ser obediente a Dios pueden "derribar tus muñecas de papel" y parecen destruir tus actos de intercesión. No obstante, si tú eres capaz de perdonar a aquellos que te ofenden, te mantendrás y serás capaz de surgir como una fuerza formidable en tu brecha cuando el humo de la batalla se despeje. El perdón completa la intercesión, y es el arma más poderosa que podemos usar contra el diablo.

El perdón libera a un pecador de la creciente deuda que te debe y le da una puerta abierta a la redención eterna. La autoridad y el poder de conceder perdón fue el primer regalo de Jesús a la iglesia después de Su resurrección. Él desprendió esta levadura externa del Espíritu Santo en los discípulos como un acto de respiración boca a boca. ¿Te imaginas qué hubiera sido de ese grupo si Él no lo hubiera hecho?

Esteban, el primer mártir de la iglesia, fue un defensor de la brecha del primer siglo que poderosamente ejerció esta arma contra Satanás. Hoy estamos experimentando sus efectos. Una muchedumbre religiosa había manipulado la sentencia de muerte de Esteban. Mientras lo apedreaban a muerte, un joven estaba allí cuidando la ropa de las personas que lo estaban matando. El nombre de aquél joven era Saulo de Tarso. Cuando la vida de Esteban estaba a punto de terminar, alzó sus ojos hacia el rostro de Jesús. Esteban vio a Jesús que estaba de pie, no sentado, a la diestra de Dios. Él oró por las personas que le estaban apedreando a muerte, "¡Padre, no les tomes en cuenta este pecado!"

El Padre fue conmovido, habiendo escuchado la oración de este mártir recientemente en alguna parte. Decidió enfrentar después al joven llamado Saulo con una poderosa visión acompañada de Su voz audible. "¿Saulo, por qué me persigues?"

Este enfrentamiento con Jesús lo dejó devastado. Lo dejó ciego. Lo cambió tan radicalmente que se arrepintió. Saulo, o Pablo como le conocemos, llegó a ser uno de los principales seguidores de Cristo. En un momento, Pablo pasó de ser un principal legalista a ser plenamente devoto al evangelio de la gracia del cielo. Sus cartas, que fueron escritas a las congregaciones que él fundó constituyen más de la mitad del Nuevo Testamento. Amonestaciones y palabras edificantes fluyeron de su pluma, destellos en un hombre cuyo corazón había sido desarmado y cautivado por el amor de Jesucristo.

¿Soy cristiana en parte porque la oración de perdón de Esteban rompió un muro y extendió el amor de Jesús para mí? Su acto de perdón afectó a Saulo de Tarso, quien predicó el evangelio a los gentiles. ¡Su oración derribó una ficha de dominó de la gracia de Dios con tal impulso que sigue causando caer dominós de gracia 2.000 años después!

Cuando respondes a la ofensa dando una patada a las fichas de dominó de perdón, darán lugar a una cadena de actos redentores, que son capaces de invertir los efectos de la maldición que tu o cualquier persona mala ha plantado en tu brecha. Hace libre al perpetrador, y lo libera como si abrieras esta cascada de gracia sobre alguien que no lo merece. Cuando tú lo necesitas la bendición de perdón vendrá de nuevo a ti en una magnifica recompensa eterna y a veces temporal.

Dar perdón significa que permites que la muerte de Jesús en la cruz absorba la deuda que el ofensor te debe. Tú no puedes llevar una carga tan pesada. Dios no te destinó para llevarla. Simplemente suéltala. Si no puedes ahora, pide a Dios que te ayude.

Mi interés indirecto para resolver un crimen me ha ayudado a ver ambos, la maravilla del perdón y la espantosa falta de ello frente al mal inimaginable. Tal vez has visto la sentencia de Gary Ridgway, conocido como "El Asesino de Green River." Es conocido por ser el asesino en serie más prolifero en la historia de los Estados Unidos. Fue declarado culpable de asesinar brutalmente a 49 mujeres jóvenes que trabajaban en las calles en Seattle desde 1982 hasta 2001. Ha confesado 71 asesinatos, pero es sospechoso de más de 90. El jefe de la policía en el momento de la detención de Ridgway, David Reichart, no era más que un detective novato cuando Ridgway comenzó su lenta masacre. Detener a Ridgway y llevarlo ante la justicia fue uno de sus últimos sucesos antes de jubilarse.

Si los crímenes de Ridgway no fueron lo suficientemente malos, el impacto de las declaraciones de las víctimas fue aún más escalofriante. Persona tras persona dijeron que habían decidido nunca perdonarle. Haciendo esto, cada uno de ellos rompió el único puente a su propia redención. Ridgway se mantuvo sin remordimientos e indiferente soportando el calvario con completo estoicismo.

Un hombre con barba gris se quedó solo. Describió como se sintió cuando Ridgway asesinó a su hija. Luego dijo: "Pero mi Señor y Salvador, Jesucristo, me pide que te perdone, así es que yo te perdono."

Gary Ridgway rompió en lágrimas. ¿Eran sus lágrimas reales o la falsa manifestación emocional de un psicópata? Nunca lo sabremos, pero el hombre que perdonó a Ridgway dejó la sala de juicio como un hombre libre. Fue libre para ser restaurado porque dio a ese asesino el don inimaginable de gracia, perdón por el infame pecado de violar y asesinar a su hija.

¿Espera Dios que ese padre confíe en Gary Ridgway o que inicie una relación con él? No. Eso es lo que muchas personas que rehúsan perdonar no entienden. Perdón no es exculpar los pecados o crímenes de la persona que te ha hecho daño. Tampoco perdonar al que comete un asesinato degrada la vida de la víctima inocente. Perdonar es un acto puramente sobrenatural de impartición divina que lleva en sí el poder redentor de Jesús. Al recibir esa impartición cuando recibes el perdón de Dios por tus pecados, con ello viene el poder para perdonar a otros que pecan contra ti. Para Jesús era tan importante que tengamos esta espada en nuestro arsenal que Él no dejaría la tierra sin haberla distribuido a Sus discípulos.

En 2004, nuestra congregación experimentó un horrible desacuerdo, que trajo como resultado una división en la cual muchas personas se marcharon. Lo he mencionado anteriormente en este libro. Yo había pasado varios meses hablando acerca del perdón en diferentes lugares donde había sido invitada ese año. No tenía ni idea de que estaba a punto de ser seriamente cuestionada, más que nunca en toda mi vida.

Las traiciones que ocurrieron durante esa separación hicieron tanto daño a mi marido que se pasó largos periodos sentado en el sofá sin hacer nada por meses, sufriendo la pérdida de las ovejas que Dios había puesto a su cuidado. También luché con las horribles circunstancias y sus fuertes recuerdos negativos, el montón de correos que recibíamos de gente enfadada acusándonos de motivaciones impuras y la visión de los asientos vacíos en la iglesia. A pesar de que me había comprometido a perdonar, como Jesús quería que lo hiciera, mi corazón se tomó bastante tiempo para llegar a ese nivel.

Muchas veces, pensé que había perdonado solo para remover la ira más adelante. Me tomó varios años para encontrar completa libertad de lo que pasó cuando se produjo la separación. Finalmente, un día pude recordar a las personas sin sentir un nudo en el estómago, sentía paz. Solo suspiraba recordando las duras circunstancias, deseando que Dios hiciera algo.

Durante el último año y medio, casi todos los que se marcharon se han puesto en contacto con nosotros para pedir perdón. Yo estaba tan contenta de poder asegurar a cada uno que les habíamos perdonado, y de saber que ellos me habían perdonado también.

A veces perdonar de corazón se toma años. Una cosa es perdonar a un extraño que accidentalmente te pisa el dedo del pie, pero otra cosa es perdonar la traición de un amigo y el perjuicio que cae sobre ti cuando aquellos en quien confías te tratan como un enemigo juzgando tus motivaciones como malas deseando que seas borrado de su memoria. Perdonar de corazón esa clase de ofensa es una señal sobrenatural que Jesús ha resucitado de entre los muertos y que has recibido Su impartición divina del don de ser capaz de perdonar.

¿Espera Dios que confíes en esa persona otra vez? Cada situación es diferente, pero algunas personas repiten sus ofensas y no ven los defectos que causan en su propia vida. Algunos delincuentes realmente ponen vidas en peligro por su imprudencia y su rabia. A veces no pueden funcionar en una comunidad donde otros se han comprometido a caminar en la luz. Dios es feliz de que tengas paz, de que estás dispuesto a soltarlos y que oras para que Dios los bendiga y los perdone también. Si han llegado a ser dignos de confianza o no eso con el tiempo se aclarará. Tú no puedes forzarlo, pues quizás nunca suceda. No tienes que hacer la obra de convencimiento del Espíritu Santo en

Su lugar señalando sus pecados. La pelota está en su cancha. Si él quiere tener una relación contigo, puede extender ayuda para reparar la brecha y mostrar cambios a largo plazo con el fin de restaurar la relación.

Un día durante la gran hambruna cuando José estaba supervisando la venta del grano, vio a sus hermanos en la fila para comprar. Fue un increíble giro de los acontecimientos, y el cumplimiento de lo que había soñado tanto tiempo atrás. Él no había estado "luchando" por su cumplimiento, pero Dios estaba asegurándose de que sucediera. Probablemente José lo había olvidado todo. Ahora el recuerdo doloroso de todo su calvario volvía retumbando. La Escritura da testimonio de que estaba en conflicto.

Él amaba a sus hermanos y deseaba decirles quién era, ¿pero, cómo reaccionarían? ¿Había Dios hecho Su obra completa en ellos? ¿O si se les diera la oportunidad, harían lo mismo de nuevo? José era lo suficientemente sabio como para crear una situación para ponerlos a prueba. Les pidió que le trajeran a Benjamín. Benjamín era también hijo de Raquel, hermano de José y no su medio hermano como eran los otros hijos de Jacob. ¿Lo sacrificarían fácilmente también a él a cambio de llenar sus estómagos?

La historia tiene un final feliz. Los hermanos hicieron tres viajes de ida y vuelta a Egipto; y cómo reaccionaron durante ese periodo causó que superaran la prueba de José. El padre y sus hijos fueron finalmente restaurados en el que es uno de los relatos más poderosos de reconciliación en la Biblia. (Génesis 37:50 RV). Después de la muerte de Jacob, los hermanos aún no se sentían seguros de lo que José haría ahora y temían que él iba a tomar represalias. José lloró por su falta de confianza y reiteró su promesa de perdonar sus crímenes contra él diciendo: "Vosotros pensasteis mal contra mí, mas Dios lo encaminó a bien... ¡para mantener la vida a mucho pueblo!" (Génesis 50:20 RV)

Puesto que José perdonó a sus hermanos de corazón, Dios cerró la brecha que había sido creada por el pecado de ellos contra él. Dios entrelazó hábilmente los detalles de redención en un tapiz que es un testimonio prefigurado a lo que haría Jesús en la cruz. Los eventos posteriores que tuvieron lugar en la liberación de los hijos de Israel describen tan claramente el evangelio de Jesucristo en la Ley de Moisés que ahora es imposible contar si era el plan original de Dios o Su redención hermosa de la tragedia.

De la misma manera tú estás en la brecha de Dios. Él te ha puesto estratégicamente allí para poder usarte para "salvar la vida de mucha gente" conectándolos con el perdón de Dios y a una relación con Él. Cuando tú perdonas a tus deudores comienzas el efecto dominó de redención para las personas en tu brecha que lo necesitan pero que tal vez no lo merecen; y te preparas para restauración temporal y eterna de cualquier daño que te hayan hecho.

Esa horrible división de la iglesia fue el suceso que me puso de nuevo en la brecha que estuve a punto de abandonar demasiado pronto. Cuando finalmente Dios tuvo éxito en traerme de vuelta a mi espacio, empecé de nuevo a centrarme en la misión que Él tenía para mí. Esa misión tal vez no sea espectacular, pero "trabajar" en ella me hace feliz y estar más contenta de lo que he estado nunca. Me di cuenta de que todo este tiempo nuestra congregación no era ni demasiado grande ni demasiado pequeña para que Dios la usara; sino que era del tamaño ideal.

Capítulo 11

La Misión Correcta

A finales de 1970, pensamos que habíamos oído a Dios decir: "Si te mantienes en la brecha y oras, yo te daré el pueblo que nadie más quiere."

Sonaba dramático con un toque de nobleza y convocó toda nuestra voluntad para responder. ¿Después de todo, quién quiere a la gente que nadie más quiere? No era la clase de palabra que la congregación recibe con un aplauso. Decidimos responder de todas maneras haciendo lo mejor que podíamos.

Era obvio, pensábamos. Puesto que nos encontramos ubicados en el interior de la ciudad, numerosos vagabundos, personas sin hogar y residentes de albergues para los enfermos mentales visitaban nuestra congregación normalmente. Vagaban por las calles en busca de la próxima comida o una fuente de atención. Dios quería que cuidáramos de ellos.

Habitualmente dábamos comida y ropa a los necesitados. Incluso ayudamos a algunos de ellos a encontrar viviendas y solicitamos cupones para alimentos. Rápidamente se mudaban fuera prefiriendo la vida en las calles. Nadie se quedó y nadie expresó forma alguna de agradecimiento, solo un insaciable apetito por más. Cuando Jesús dijo: "A los pobres siempre los tendréis," no estaba bromeando. La falta de fruto tangible de ese tipo de ministerio desanimó a algunos de los miembros que esperaban que su servicio produjera fruto visible.

No obstante, seguimos por varios años hasta que dejamos el edificio que alquilábamos. Buscamos por varios meses hasta encontrar el edifico actual y nos mudamos a un edificio de construcción antigua en Trafford, una ciudad en los suburbios al este de Pittsburgh. Era el único lugar asequible, pero allí no había personas sin hogar para servir.

En marzo de 1989, Dios nos habló de nuevo: "Este será el año de la apertura de las puertas de la prisión para aquellos que están atados detrás de la cortina de hierro. Si unces tu brazo con el Mío, veréis un milagro." Mi esposo, Bill, acababa de terminar un mensaje sobre el tema de intercesión cuando surgió esta palabra.

Unas dos semanas más tarde, estaba mirando las páginas de una revista cristiana cuando un anuncio me llamó la atención. El anuncio fue una solicitud de patrocinadores para emigrantes soviéticos pentecostales que buscaban un nuevo hogar en los Estados Unidos. Bill y yo nos preguntamos si esto era algo que nuestra iglesia debía hacer. Llamamos al número en la lista, pero resultó que estaban buscando iglesias más grandes con mayores presupuestos. Insistimos y hasta el día de hoy, no sé por qué. Tal vez estábamos cansados de escuchar que nuestra iglesia era demasiado pequeña para hacer algo importante para Dios.

La persistencia dio su fruto. Una Institución Benéfica Católica nos eligió para prepararnos para recibir a una familia. Decidimos buscar una casa y amueblarla. Salimos en la televisión cristiana para presentar nuestro proyecto a la zona de Pittsburgh. Para entonces, algunas iglesias se habían inscrito para patrocinar familias también. ¡Decidimos "ir a por todas" y nos ofrecimos para aceptar a una gran familia de 13 personas!

Nuestra congregación se puso a trabajar remodelando una casa donde anteriormente se traficaba cocaína para convertirla en un espacio agradable y habitable. La comunidad donó aparatos usados y muebles, alfombra nueva, juguetes y mano de obra. Mucha gente en Pittsburgh es segunda y tercera generación de inmigrantes y tienen un lugar sensible en su corazón para los inmigrantes en situaciones difíciles.

Llegó el día cuando una viuda y sus doce hijos iban a llegar, pero cuando aterrizaron en los Estados Unidos, de repente decidieron ir a casa de un familiar en Massachusetts. Nos sentimos devastados. Toda la planificación y preparación para la familia parecía perdido. ¿Para qué todo esto?

Pasaron diez días y sonó el teléfono. Era una llamada de la Institución Benéfica Católica. "¿Todavía está su iglesia dispuesta a patrocinar a una familia? Tenemos a una familia *que nadie más quiere.*"

Una familia de trece miembros, los padres y once hijos, estaban siendo alojados temporalmente en un dormitorio de una escuela en la zona de Philadelphia, pero las clases estaban a punto de comenzar y la familia tenía que mudarse.

Para entonces nos quedamos tan indignados como si fuéramos en un viaje en la montaña rusa con la esperanza y la desilusión que nos encontramos a punto de decir no. Habíamos olvidado que Dios nos había hablado años antes que aceptáramos a las personas que "nadie más quería." Afortunadamente dijimos que sí.

El 30 de septiembre de 1989, Vitali y María Dorosh y sus once guapos y hermosos hijos llegaron a Trafford. El mayor, Paul, tenía 15 años y el más pequeño, Nazari, tenía 2 años. Con ellos se completaba una escalera de "peldaños" desde el adolecente hasta el bebé: ¡Valentina, Natalia, Michael, Peter, Zachary, Vera, Slavina, Vitali y Anatoli estaban en medio! Eran preciosos. ¡Cómo podía no quererlos nadie!

Cuando María vio la casa que todos habíamos preparado, los electrodomésticos y los muebles, las camas para todos los niños y la comida, me abrazó y gritó en su escaso inglés, ("My 'seester,' my friend!") ¡Mi hermana, mi amiga!

Vitali y María habían solicitado su salida de Ucrania en los años 70 casi al mismo tiempo que los primeros disidentes pentecostales traspasaron el control de la embajada de los Estados Unidos en Moscú y encontraron refugio allí en 1977. Esas familias esperaron durante tres años antes de que alguien les escuchara. Su protesta comenzó un movimiento de disturbios que sacudió a la URSS, expulsando a más de 30.000 emigrantes, muchos de los cuales llegaron a los Estados Unidos.

Después de que Vitali y María originalmente habían solicitado visados a los Estados Unidos, la oficina local de la KGB se enteró y los bombardeó acosándoles por los siguientes doce años. Les dijeron que iban a ser personas sin hogar en las calles de los Estados Unidos viviendo bajo cartones. La KGB amenazó a Vitali con la prisión y se comprometió a perseguirlos en los Estados Unidos, diciendo, "Tenemos un brazo fuerte y extenso".

Esa primavera en el retiro de mujeres, antes de conocer a la familia Dorosh, habíamos escuchado una canción profética, *"Más allá del alcance del hombre es el brazo fuerte y extenso de Dios."* ¿Había Dios estado preparando nuestros caminos para colisionar en Su tiempo y espacio? En la primavera de 1989, Vitali y María Dorosh y sus once hijos tomaron un impulso de fe y dieron un salto a través de una brecha de espacio. Nuestra congregación al otro lado del mundo los cogió.

El 9 de noviembre de 1989, la familia Dorosh estaba instalada y seguros en su nuevo hogar en Trafford, Pa., cuando cayó el muro de Berlín. Peter Jennings, el entonces presentador de la cadena de televisión ABC, anunció en el resumen, "Esta noche las puertas de la prisión de la Cortina de Hierro han sido abiertas..." Él usó las palabras exactas que Dios nos había hablado en marzo.

Pasaron dos años durante los cuales Vitali y María lucharon con un severo choque cultural. Nosotros estuvimos pendientes de ellos con el fin de poder ayudarles durante este tiempo, visitándolos con frecuencia, llevando a los niños al médico, al dentista y a las diferentes citas con los servicios de inmigración.

Sin embargo, no solamente fue un choque de culturas para ellos, también fue un choque religioso. Por setenta años, la iglesia había resistido detrás de la Cortina de Hierro contra la feroz persecución e intimidación con casi ninguna participación del resto del cuerpo de Cristo. Llegar a un ambiente de libertad fue un alivio para ellos, pero destapó una serie de problemas, también. Ya no había nadie más a quien oponer resistencia.

Cuando el gobierno comunista desapareció, ellos necesitaban un enemigo visible para resistir o lucharían por significado espiritual.

Las familias que llegaron aquí en busca de libertad religiosa se unieron para formar su propia congregación. Gravitaron hacia un ambiente estricto que muchos cristianos americanos llamarían legalista. Tenían muy poca revelación del amor de Dios, Su paternidad y Su gracia. Substituyeron la libertad una vez más por una forma más severa de cristianismo sectario que exigía el estricto cumplimiento de sus costumbres y doctrinas, entre las cuales había una sensación de temor creado por sus enseñanzas, filtrando la gracia y establecieron el residuo en la ley.

Intentamos y les rogamos, pero perdimos. El temor los absorbió y salieron de nuestra congregación para ir a la congregación de inmigrantes ucranianos en 1991.

Estábamos destrozados. Les amábamos mucho, pero teníamos que dejarles ir. Todo lo que habíamos hecho por ellos lo habíamos hecho para Jesús. Después de todo, habían venido por libertad religiosa, y ahora teníamos que darles libertad para experimentar su propio camino con Dios. Siguieron en la misma casa que habíamos provisto para ellos, pero el único de ellos que vino a vernos a menudo era Michael que había llegado a ser el mejor amigo de nuestro hijo Bill.

En 1994, el Espíritu Santo comenzó a moverse por todo los Estados Unidos y Canadá en un avivamiento poderoso que atrajo a millones de personas de todo el mundo. El epicentro llegó a ser una congregación en Toronto, Canadá. Bill y yo formamos parte de ella en noviembre de 1994. Cuando volvimos de Toronto la primera vez, el derramamiento había comenzado en nuestra propia congregación. (Ver mis libros, *El Río está Aquí* y *¡Sigue viniendo Espíritu Santo!*)

Pasaron tres años más. Para entonces las reuniones de renovación del viernes por la noche eran parte de nuestra agenda semanal. Una noche, Rob Folen, un ministro del campus de la Universidad Estatal de Pensilvania estaba hablando. Vio a Michael en la fila de atrás y le dio la siguiente palabra de profecía: "¡Vas a dar un paso fuera de la esclavitud, y toda tu familia viene contigo!"

No podíamos dejar de pensar que no siempre puedes acertar 100%, pero en menos de dos semanas, comenzó a suceder. Todos los nueve hijos de la familia Dorosh estaban en la reunión del viernes por la noche siendo ministrados por el equipo de oración. Cada uno de ellos respondió a la presencia de Dios y comenzó a recibir un diluvio de gracia arrasando años de legalismo. No podían mantenerse lejos. Los viernes, los hijos de la familia Dorosh eran los primeros en llegar. Literalmente corrían una milla a la iglesia solo para estar allí cuando empezaba la reunión.

Vitali, su padre, estaba teniendo dificultad para conseguir que sus hijos fueran a la iglesia ucraniana. Finalmente, su curiosidad pudo con él. Se rindió y asistió un viernes por la noche para ver lo que entusiasmaba tanto a sus hijos. Llegó durante el tiempo de ministración. Él no se dio cuenta que Dios le estaba tendiendo una mano a través de sus propios hijos para traerlo de vuelta.

Durante la reunión, el Espíritu Santo le tocó tan poderosamente que él todavía está disfrutando en esa experiencia con Dios más de quince años después.*

Entonces María empezó a venir porque no podía creer el cambio en su esposo y sus hijos. Fue una presa fácil para el Espíritu Santo. El brazo extenso y fuerte de Dios se extendió para atraerlos de nuevo a nuestra comunidad. Nos estaba ubicando a todos una vez más.

En los últimos diez años, todos los hijos de la familia Dorosh han crecido. En ese tiempo, empezaron a impulsar ellos mismos algunas maravillosas fichas de dominó. Una de esas piezas fue Roy.

Roy fue uno de los vecinos de la familia Dorosh. Vivía con su madre y su hermano en una casa en la misma calle. Cuando los chicos jugaban fútbol y hockey en la calle, Roy salía a jugar con ellos. Roy echó una mirada a Slavina Dorosh y se enamoró de ella. Comenzó a seguirles cuando iban a las reuniones de renovación. Nunca había oído de Jesús, pero tenía curiosidad. Continuó saliendo con ellos.

Roy terminó recibiendo a Jesús como su Señor y Salvador. Se casó con Slavina en 2005, y ahora tienen un hijo llamado Gabriel. Roy fue solo el primero de muchos que los hijos de la familia Dorosh han influenciado para Jesucristo. Están llenos del Espíritu Santo, y se nota. No son cristianos que ponen énfasis en lo que desempeñan más que en la gracia de Dios. Por el contrario son intercesores accidentales que disfrutan el plan de Dios, llenando brechas que se abren continuamente alrededor de cada uno de ellos.

Los hijos ya son todos adultos; todos menos dos de ellos están casados. Ocho de ellos tienen carreras universitarias. Entre sus ocupaciones hay dos ingenieros, un contable, un escritor, un alfarero, dos emprendedores, un profesor que da clases de Historia en bachillerato, un capataz, un cineasta, y nueve de ellos son padres y madres. En Ucrania, su fe cristiana les prohibía tener una educación académica. Vitali trajo a su familia aquí por la liberad religiosa. Todos ellos son cristianos fuertes y ciudadanos estadounidenses. De toda esa oleada de más de 30.000 inmigrantes, la familia Dorosh es la única familia que sigue con su patrocinador original. Nuestra congregación no era demasiado grande ni demasiado pequeña; sino que era el tamaño ideal. El edificio no tenía aseos con lavabos ni encimeras de mármol y una tribuna de dos hileras; aún no los tiene y probablemente nunca los tendrá. Pero Dios sabe lo que está haciendo.

Apadrinar a la familia Dorosh cambió nuestras vidas como lo hace una relación genuina. Nos ha ayudado a cambiar nuestra visión de la iglesia. Ahora yo creo que una congregación debe establecerse en relaciones genuinas y no sobre relaciones forzadas y superficiales. La familia Dorosh ha llegado a ser una de las familias que forman parte del cimiento de la congregación. El amor que Dios me dio por ellos llenó una brecha que me partía el corazón. Me ha permitido soltar el miedo al rechazo y a amar también a todos los demás en la congregación.

Dios me había estado preparando para ello toda mi vida. Cuando era niña, solía pararme frente al espejo y suponer que estaba diciendo a una multitud de personas detrás de la Cortina de Hierro que eran libres. Siempre había oído acerca de cómo el pueblo soviético sufrió a causa de su gobierno opresivo. Dios me había estado preparando desde que yo era niña para ayudar a cerrar una brecha de tiempo y espacio para ellos.

Dios también quería que ellos nos ayudaran. Aprender a amar, dejar ir y recibir de nuevo es el tipo de amor que Jesús da. Eso es lo que ellos me enseñaron, una de las lecciones más importantes en mi vida cristiana. Dios no quiere cautivos, lo que Él realmente quiere es ser sinceramente amado. Él ha hecho todo para ti, pero tú eres y has sido siempre libre para amarlo o no. Él quiere ser querido por corazones que son libres de no hacerlo, y vendrá corriendo al corazón que lo hace.

Dios tiene la libertad para definir mi brecha cada día de mi vida. A veces he sido demasiado lista para definir cómo creo que debo servir a Dios. ¿Por qué no derribar la barrera levantada por tu propia definición de quien eres y a lo que fuiste llamado a hacer y dejar a Dios amar a quién Él quiera a través de ti hoy? No hay límites para definir tu campo de servicio en Su prerrogativa. Esto añade una dimensión de misterio divino a tu vida a medida que te enfrentas cada día en busca de Sus sorprendentes oportunidades para difundir la levadura del Reino.

Capítulo 12

El Galardón Eterno del Intercesor Accidental

Una gota de sudor rodó por su cuello y se encontró con otras gotas formando un riachuelo que desaparecía bajo el cuello de su abrigo azul. Era difícil no respirar fuerte. Apretó su estómago con la esperanza de aliviar el nudo que sentía. Susurró una oración pidiendo a Dios que lo protegiera, aunque se preguntó cuántos otros habían hecho lo mismo. Miles de cadáveres yacían esparcidos delante de él, malolientes y en las posiciones grotescas en las que habían quedado al dar su último aliento. Él estaba en la cima detrás de un árbol con vistas a un valle. En cualquier otro día, habría sido el escenario perfecto para la reflexión, pero no hoy. Era el 2 de julio de 1863. Él no lo sabía, pero Joshua Chamberlain estaba a punto de convertirse en la persona que lo cambiaría todo.

Joshua Lawrence Chamberlain era un coronel al mando del 20º regimiento de Maine, una brigada del quinto cuerpo del ejército de la Unión. Chamberlain no era un soldado profesional. Realmente era un profesor de retórica en la Universidad Bowdoin, pero su deber de preservar la Unión lo llevó a la Guerra Civil. Cuando la universidad se negó concederle su dimisión para combatir, se tomó un tiempo sabático con la esperanza de que la guerra no duraría mucho. Tal vez podría estar de vuelta antes de que se enteraran.

Él nunca había estudiado estrategia y tácticas en un colegio militar. Podía hablar siete idiomas y sabía griego antiguo pero ¿y qué? En unos momentos no importaría. Todo lo que importaría era qué tan bien podía disparar y empuñar una espada.

Los chicos de la 20ª de Maine eran más de un millar y estaban fuertes cuando dejaron Portland, pero ahora solo quedaban poco más de 300 y estaban cansados de luchar. Dos semanas antes, su número había aumentado con otros 120 hombres agotados del 2º de Maine, ordenados a quedarse a luchar cuando ya tenían programado volver a casa. Estaban en peligro de ser fusilados por insubordinación. Su afán de luchar había desaparecido, ahogado con el hundimiento de sus esperanzas de victoria fácil, y solo la retórica del coronel Chamberlain había sido capaz de reagruparlos una vez más.

Esa tarde, Chamberlain recibió sus órdenes. La 20^a de Maine formaría el flanco extremo izquierdo del ejército de la Unión, el famoso llamado "anzuelo." Si el Sur pudiera flanquear a la Unión, serían capaces de atacar por la espalda y masacrarles todos a voluntad. A partir de allí el camino a Washington estaba abierto, exponiendo la sede de gobierno de la Unión a una captura segura por Lee y sus tropas.

Alrededor de las 4, los enfrentamientos comenzaron de nuevo. Las tropas confederadas de la brigada del coronel Oates, parte de la división de John B. Hood, comenzó el asalto en oleadas anunciadas por un estruendo repentino de gritos rebeldes. Su devoción a la secesión salió de ellos como la pasión beligerante que había ganado victorias en Fredericksburg y Richmond. No se darían por vencidos. Durante las siguientes cuatro horas las tropas de Chamberlain resistieron. Finalmente, se estaban quedando sin municiones y eran totalmente vulnerables al enemigo. Chamberlain ordenó, "¡Calad las bayonetas!"

La 20^a de Maine se armó con la última gota de fuerza y se alistaron para morir. De repente Chamberlain vio lo que pensó que funcionaría. Su última batalla sería cargar contra el enemigo, precipitándose colina abajo y a través de los árboles en una formación que parecía una puerta cerrándose. A medida que el Sur comenzó el asalto, pronto se hizo evidente que también se estaban quedando sin municiones. En pocos minutos, la batalla pasó de ser guerra del siglo XIX al antiguo estilo de combate cuerpo a cuerpo, interrumpido ocasionalmente por la última bala del arsenal personal de algún hombre.

Otra brigada de soldados de la Unión observaban desde sus lugares lo que sería el momento crucial de toda la Guerra Civil Americana. La 20^a de Maine capturó la última de las fuerzas confederadas de Oates, que estaban ya agotados de sus múltiples asaltos y luchas continuas en Little Round Top. El flanco de la Unión se mantuvo y al día siguiente el ejército de Lincon de Potomac pasó al Sur sus primeras pérdidas. El lugar era Gettysburg, el "el punto más alto" de la Confederación. Little Round Top fue el lugar en el cual el Sur fue vencido, siendo el punto más avanzado al norte donde llegó la Confederación.

Chamberlain fue herido seis veces en la guerra; la última vez en Petersburg, Va., en 1864. Parecía mortal y recibió una promoción en el campo de batalla al rango de General de Brigada; pero se recuperó milagrosamente. El General Grant había asignado a Chamberlain el privilegio de recibir la entrega de armas del Sur en Appomattox el 12 de abril de 1865. Durante la ceremonia, Chamberlain mandó que se pusieran firmes los soldados del ejército de la Unión mientras que los soldados Confederados apilaron sus rifles. Este último acto de honor, controversial entre los compañeros de la Unión, ayudó a calmar la angustia de la rendición de los soldados del Sur, que estaban hechos polvo. Chamberlain era un cristiano fuerte. ¿Fue su fe cristiana la que le llevó a extender honor hacia ellos?

Treinta años después de la batalla de Gettysburg, el Congreso de los Estados Unidos otorgó a Joshua L. Chamberlain la Medalla de Honor del Congreso por su heroísmo en Little Round Top. Luchó con los efectos dolorosos y complicaciones de su última herida durante el resto de su vida. Murió en 1914, convirtiéndose en el último veterano de la Guerra Civil en morir de las complicaciones de sus heridas.

Si este maestro de escuela y sus tropas anónimas no hubiesen estado es su brecha, ¡qué diferente hubiera sido el resto de la historia de los Estados Unidos y el mundo!

Al igual que las tropas gastadas en la brigada de Chamberlain, los discípulos de Jesús comenzaron a preguntarse un día si sus sacrificios y pérdidas en su servicio a Él no tendrían recompensa. ¡Jesús les prometió que no solo cosecharían recompensa aquí en la tierra, sino que por su recompensa en el cielo valdría la pena morir! Las palabras de Jesús no fueron la retórica inspirada de un hombre, sino la promesa de Dios.

No mucha gente en la tierra se da cuenta de los actos sencillos de la persona común, pero sin embargo son heroicos. Todo lo que estos fieles tienen descansa en la promesa de la recompensa eterna, para la persona que realmente confía en Dios esto es suficiente. No necesita la atención y el respeto del público para hacer lo que tiene que hacer y no toca una trompeta antes de su sacrificio en caso de que otros lo ignoren. El motivo de su servicio no es con la esperanza de recibir recompensa temporal ni de ser ascendido o incluso la satisfacción del logro personal. Su confianza está en el Dios que ve todo lo hecho en secreto y que premiará abiertamente un día con Su eterna Medalla de Honor.

En su libro, EL GRAN DIVORCIO, C. S. Lewis escribió acerca de un autobús lleno de gente que fue en una visita guiada del cielo y del infierno. En el cielo, vieron una procesión venir.

"...Primero vieron espíritus luminosos...Luego a la izquierda y derecha...venían siluetas juveniles, los muchachos a un lado y las muchachas al otro. Si pudiera recordar su canto y escribir sus notas, ningún hombre que leyera esa partitura enfermaría o envejecería jamás. Entre ellos iban músicos: después de ellos una dama en cuyo honor se hacía todo esto

No puedo recordar ahora si estaba desnuda o vestida...Si estuviera vestida, entonces, la ilusión de su desnudez es, sin duda, debido a la claridad con que su espíritu interior brillaba a través de su ropa...

Pero lo he olvidado. Y solo en parte, recuerdo la irresistible belleza de su rostro

¿Es Ella?... ¡si, ella es! Susurré a mi guía.

"No, en absoluto," dijo él. "Es alguien de quien tu nunca has oído hablar. Su nombre en la tierra era Sarah Smith y ella vivía en Golders Green."

..."Ella es uno de los grandes. Has oído que la fama en este país y la fama en la Tierra significan dos cosas muy diferentes..."

"¿Y quién son todos estos hombres y mujeres jóvenes a cada lado?"

"Son sus hijos e hijas...cada joven o niño que conoció llegó a ser hijo suyo incluso si era solo el chico que trajo la carne a su puerta trasera. Cada chica que conoció llegó a ser su hija...hay los que roban los hijos de otros, pero su maternidad era de otra manera. Aquellos en los que caía volvían a sus padres naturales amándoles aún más..."

"¿Y cuáles son esos animales?"

"Son sus bestias... Todos los animales y aves que se le acercaban tenían su lugar en su amor. En ella se convirtieron en sí mismos. Y ahora la abundancia de vida del Padre que tiene en Cristo fluye dentro de ellos...Es como cuando arrojas una piedra a un

estanque, y las ondas concéntricas se extienden más y más, ¿Quién sabe dónde terminará?

Aunque tu tarea terrenal no fuera atractiva, eso no afectará en nada tu recompensa eterna. Servir a Dios en África no incurre más gloria eterna que servir a Dios en la calle Maple. En la eternidad, Dios te asignará tu dimensión de Su gloria basado exclusivamente en si has cumplido o no con la misión que Él te dio.

Daniel describe la resurrección de esta manera: "Y muchos de los que duermen en el polvo de la tierra serán despertados, unos para vida eterna, y otros para vergüenza y confusión perpetua. Y los entendidos resplandecerán como el resplandor del firmamento; y los que enseñan la justicia a la multitud, como las estrellas a perpetua eternidad." (Daniel 12:2-3 RV) Pablo hizo eco de esto en I Corintios 15. "...pues una estrella es diferente de otra en gloria. Así también es la resurrección de los muertos." (I Corintios 15:41-42 RV) Después de la resurrección, habrá diferentes dimensiones de gloria dependiendo de cuánto valoramos lo que Jesús nos dijo aquí. ¿Nos hemos ataviado realmente de Jesucristo y hemos buscado la gloria del Padre, o hemos buscado nuestra propia gloria humana, la cual se desvanece?

¿Podría ser que Dios no reconozca la tarea de un famoso cristiano, por muy grande que ésta sea, puesto que Él no la ordenó? Entre los muchos asombros de alcanzar el cielo será el de aprender el significado que nuestro Padre da a la grandeza. ¡Cuán diferente será de lo que el hombre considera digno de recompensa!

En el cielo los menores son realmente los más grandes, los débiles son los más fuertes, los pobres son los ricos y los mansos heredarán la tierra. El sistema de valores de este mundo está al revés. A veces me he preguntado si todos los cristianos comparten recompensa allí con todos aquellos que les han ayudado. Si eres realmente humilde, no te importará.

Nadie puede hacer una gran obra en el Reino de Dios sin la ayuda de quienes no tienen recompensa aquí. ¿Qué si el galardón de una persona insignificante que te ayuda es más grande de lo que, en tu opinión, tú te mereces? ¿No sería la herida mortal del orgullo? ¿Qué si la recompensa que recibimos es Jesús mismo? Después de todo, Él es el resplandor de la gloria de Dios.

El rey Asuero, el rey en el libro de Ester, estaba en la cama una noche y no podía dormir. En lugar de contar ovejas, pidió a sus escribas que leyeran fragmentos del registro de la corte. Eso me aburrirá lo suficiente para dormirme, pensó. Los escribas le leyeron acerca de un incidente que el rey había olvidado desde hacía mucho tiempo. Mardoqueo, el primo de Ester, le había salvado la vida al descubrir un complot para matarlo. Él no había recompensado a Mardoqueo en ninguna manera.

El rey convocó a Amán, su principal oficial, para pedirle consejo. "¿Qué debe hacer el rey para el hombre que merece mi honra?"

Amán, que para entonces estaba tan lleno de orgullo pensaba que estaba planeando su propia celebración, y dio instrucciones detalladas para el protocolo. Aquel a quien el rey quiere honrar debe llevar el vestido real, la corona de honra y que desfile por las calles en el caballo del rey. Los siervos del rey tocarán trompetas delante de él; y el principal de los siervos del rey debe decir a todos que se inclinen ante él en su honor, pregonando su nombre y sus obras.

¡Vaya! Pensó el rey; ¡esta es sabiduría genuina! Era experto en organizar celebraciones, ¡pero esta sugerencia era una idea aún más grande de lo que él podría imaginar! Le dijo a Amán, "¡Ahora ve y haz esto para Mardoqueo, el judío!"

Lo que Amán pensó que sería el momento de su honra suprema repentinamente llegó a ser el momento de su máxima humillación. ¡Se encontró paseando a Mardoqueo, a quien despreciaba, por las calles en el caballo del rey!

Me temo que tal vez eso es lo que el cielo será para el cristiano que se promueve a sí mismo, cuando maltrata y menosprecia a los que ocupan lo que él cree que es un sitio inferior. Cuando Jesús dijo que un líder cristiano debe ser un siervo humilde, debe tomar el lugar más bajo y no debe elevarse a sí mismo con títulos, probablemente hablaba en serio.

Nunca tendrás la manera de evaluar tu eficacia o la de alguien más. No conoces la brecha que Dios tiene para otro o la misión que le ha sido dada dentro de ella. Deja la evaluación a Dios. Él es el único que puede ver los intrincados motivos detrás de cada acto y puede llevar todo a la justicia y el honor eterno. Él verá todo con ojos de amor y fuego eterno para ver a través de tus simplezas y al corazón que le ama. De todas maneras, todo lo que hacemos en comparación con lo que Él ha hecho, es similar al dibujo de un niño adornando la puerta de la nevera. Por lo que a Él se refiere, no es lo que parece, sino al hecho de que lo hiciste solo porque lo amabas.

¿Qué pasa si eres el enlace en el intrincado plan de Dios y Él confía que tú llenes esa brecha? ¿Y si tu mayor propósito en la tierra permanece oculto de ti y de los demás toda tu vida? Vas a cumplirlo de todas maneras si encomiendas tu camino al Señor y confías en Él para asegurarte de estar en el lugar correcto en el momento oportuno. Él te sorprenderá cuando llegues al cielo con tu eterna recompensa. ¡Él es el Redentor, el que hace algo de la nada!

Una Oración

Desde mi corazón y pluma no fluirá épica
Por el cual mi nombre será similar a los cometas lanzados
Ante el mundo en deslumbrante resplandor de luz;

No subiré a las alturas de dicha canción
Que exhalaré a todo el mundo
Una lírica-perfecta, emotiva e infinita;

Ni sondearé las profundidades del amor y el dolor
Hasta que el mundo pueda leer en el más estricto soneto
Misterios insondables del "por qué" de la vida

Oh, Señor, no pretendo que sean míos, pero concédeme
Que pueda ser a una sola vida, a un solo corazón
La épica, la lírica, el soneto-la canción perfecta.

Merle Weir Wilson, Mi madre

1909-1999

Notas- denotado por * en el manuscrito.

Capítulo 2- Si estás interesado en escuchar el dialecto de Pittsburgh, consulta Facebook.com/Pittsburghdad. Es un relato cómico pero realista de un padre nativo de Pittsburgh hablando en "Pittsburghese."

En el idioma hebreo, la palabra "interceder, intercesor" es la palabra paga. Significa "chocar por accidente o violencia, importunidad es la combinación de dos palabras raíz: abad que literalmente significa "no hay manera de escapar." (Jeremías 7:16, Isaías 59:16) Ten en cuenta que José, Ester y Daniel estaban atrapados en circunstancias fuera de su control y no tenían forma de huir. Jesús tenía el poder de huir, pero Él escogió no hacerlo.

En el idioma griego, la palabra "interceder" es entugchano. Significa "oportunidad a, otorgar a, suplicar a favor o en contra de, tratar con o para interceder."

La palabra que se usa para la brecha en el idioma hebreo es "perrets" y literalmente significa un "incumplimiento o ruptura." (Ezequiel 22:30)

Capítulo 3- Oreo™ es una marca registrada de Kraft/Nabisco. La película, "Que Bello es Vivir," producida por Frank Capra, basada en un relato corto de la revista 'Good Housekeeping' en enero de 1945 bajo el título "El Hombre que nunca nació," de Peter Storme, un seudónimo de Philip Van Doren Stern. Copyright 1943, 1971 The Greatest Gift Corporation. Todos los derechos reservados.

Capítulo 5- La canción, "La Rosa Amarilla de Texas" compuesta por alguien llamado J.K., se cree que J.K. Campbell, fue un seudónimo de John Kelly. La mujer que inspiró la canción era una esclava contratada, llamada Emily D. West, fue capturada por Santa Anna, retenida contra su voluntad y obligada a convertirse en una prostituta para Santa Anna. La Historia le acredita el haber distraído al general mexicano cuando la batalla de San Jacinto comenzó. Marha Anne Turner, "La Rosa Amarilla de Texas": su Saga y su Canción (Austin: Shoal Creek Publishers, 1976).

Capítulo 6- Los hechos relacionados con el asesinato de Adam Walsh se encuentran en las páginas de internet,

http://www.amw.com y son también el tema de una autobiografía de John Walsh, GRITO DE RABIA.
Para más información sobre Gavrilo Princip y Leopold Lojka buscar en http://www.smithsonian.com, http://www.global-directions.com y otros sitios que describen la Primera Guerra Mundial. Muchos de los hechos que he incluido provenían de programas en History Channel, un canal que veo regularmente. Ver http://www.thehistorychannel.com.

Capitulo 8- Styrofoam™ es una marca comercial registrada de Dow Chemical Company.

Capitulo 11- Los detalles en referencia a Vitali y María Dorosh y su familia has surgido en varios de mis libros y blogs. Los detalles de la experiencia con Dios de Vitali están en el libro Sigue Viniendo Espíritu Santo: viviendo en el corazón del avivamiento.

Capitulo 12- Datos relativos a Joshua L. Chamberlain están disponibles en varias publicaciones, entre ellas la novela histórica ganadora del premio Pulitzer, The Killer Angels, de Michael Sharra y en internet. También fue el autor de sus propias memorias bajo el titulo, El Paso de los Ejércitos, publicada por primera vez en 1915 y también en el artículo titulado "A Sangre y Fuego en Gettysburg," publicado en 1913, disponible en http://www.amazon.com.

La cita de C. S. Lewis es un extracto de su libro EL GRAN DIVORCIO, copyright 1946, 1974, por Macmillan Co., publicado por Simon y Schuster, Touchstone, 1996, pp. 104-107.

www.ingramcontent.com/pod-product-compliance
Lightning Source LLC
Chambersburg PA
CBHW060948050426
42337CB00052B/1918